物語 パリの歴史

高遠弘美

講談社現代新書

2560

はじめに

フランス語を始めて半世紀。今まで互いに親友（mes meilleurs amis）と認め合ったフランス人は三人います。俳優・演出家のジャック・アルドゥワン、レストランのギャルソンのクリスチャン、それにリヨンの書店員のアランです。

ジャックとは知り合いのフランス人の女性の紹介で一緒に食事をしたその晩から親しい二人称で話すようになりました。フランス語研修旅行の引率教師としてパリへ行くたびにジャックとは食事をともにし、文学のこと、映画のこと、溝口健二《みぞぐちけんじ》や小津安二郎《おづやすじろう》の話やパリの町のこと等数えきれぬほどたくさんの話をしました。一度など、パリに住んで一緒に芝居をやらないかとまで言われました。

クリスチャンはたまたまフランスの銘柄牛のサレルスを食べさせる店をインターネットで探し、初めて訪れたとき、食べている最中はそんな話をしなかったのに、帰り際に突然「こんな本に興味がありませんか」と言ってとある小説を薦めてきたその店のギャルソンでした。以来、そこへゆくごとに、文学、シャンソン、映画の話をし、あるときなどは一緒にブラッサンスを歌ったこともあります。

アランはパリにコンプレックスを抱いているリヨンの書店員で、私がリヨンからパリに戻ると言うといつもパリの人たちの歩き方を真似て「パリジャンたちはこんなに忙《せわ》しい歩き方をするんだよ、そんなところに戻らなくてもいいじゃないか」と言って私をリヨンに留めようとしました。

ジャックとクリスチャンはまさにパリっ子らしい知的な優しさによって、一方アランは地方の大都市に住む人にありがちなパリに対する憧れを裏返しに滲《にじ》ませる点で、いつも私の中の「パリ愛」を掻きたててくれたのです——パリと言うとき、この三人を抜きにしては何も語れないほどに。もちろん、パリの町で危険な目、不快な目に遭ったことがないと言えば嘘になります。それでもパリへ行く、パリで暮らすというのは、我が人生の最高の時間と結びついていました。

たとえばシテ島を歩き、ノートルダム大聖堂へゆく。ドーフィーヌ広場からコンシエルジュリーへとそぞろ歩きをする、カルーゼルの凱旋門の左右にある小さな公園でマイヨールの彫刻を眺めながら穏やかな時間を過ごす。そのたびに私はパリの歴史の重みを同時に感じていたような気がします。その一方で、新しいパリにも親しみを感じて町歩きをしました。ポンピドゥーセンター横の泉水のなかでぐるぐる回るオブジェに見入ったり、バスチーユのオペラ座で新演出のオペラに喝采したり、今まで気がつかなかった廃線の遊歩道を歩いたり、親しくなった書店で、その前に買い物をした店のレジに置き忘れたクレジットカードを電話で探してもらったり、ひとつひとつ思い出せばきりがないほどパリの町で過ごした時間の記憶は私の中に色濃く残っています。

そのパリの歴史を物語るかのように書かないかという依頼を講談社現代新書編集部・山﨑比呂志さんから頂いたのはまさに渡りに船、願ってもない幸運でした。

少なくともフランス語を学び始めてずっと憧れていたパリ、人生の偶然によってその後二十回近くも訪れることになったパリという町の歴史を概観することができたのは僥倖《ぎょうこう》というほかありません。

第一部では、そんな私の目に映ったパリの歴史を三十章に分けて書きました。ただ、紙数の関係からパリの歴史についてくまなく書いたわけではありません。アンリ・ミュルジェール『ボヘミアンの生活情景』やルイ・セバスチャン・メルシエ『タブロー・ド・パリ』、アルフレッド・フランクラン『昔の私生活』もパリの庶民の生活を描いた出色の書物だと思いますが、そこから相応しい場面を引くだけで優に一冊が埋まってしまうことからすると、それは諦めざるを得ませんでした。それゆえ、本書では範囲を絞ってパリの歴史で最低限知っておいて頂きたいことを中心に書いた次第です。現代のパリ事情についてもう少し書きたかったのですけれど、新しいことはいつの間にか消えてしまうことがあります。取捨選択をせざるを得ない事項もありました。

第二部では、第一部の流れにはうまく嵌《は》まらない話題をなるべく連想によって繫《つな》ぎ合わせて書きました。どれも今のパリに色濃く関わっていますが、それを書いている間、現在のパリはリュテチア以来の時間の厚みを内に秘めているという感覚がありました。

パリの歴史ではありますが、皆さまにお目にかけるのは畢竟《ひっきょう》、書物と実際の経験上私が見聞きしたパリの歴史にほかなりません。パリは今でも私たちを待っている稀有な町です。あるいは、「稀有」という言葉を思わず使いたくなる町です。今日飛行機に乗れば私も、昨日のジャックやクリスチャンやアランに会えるかもしれません。そして皆さまは皆さまの親友たるべき人たちに。

目次

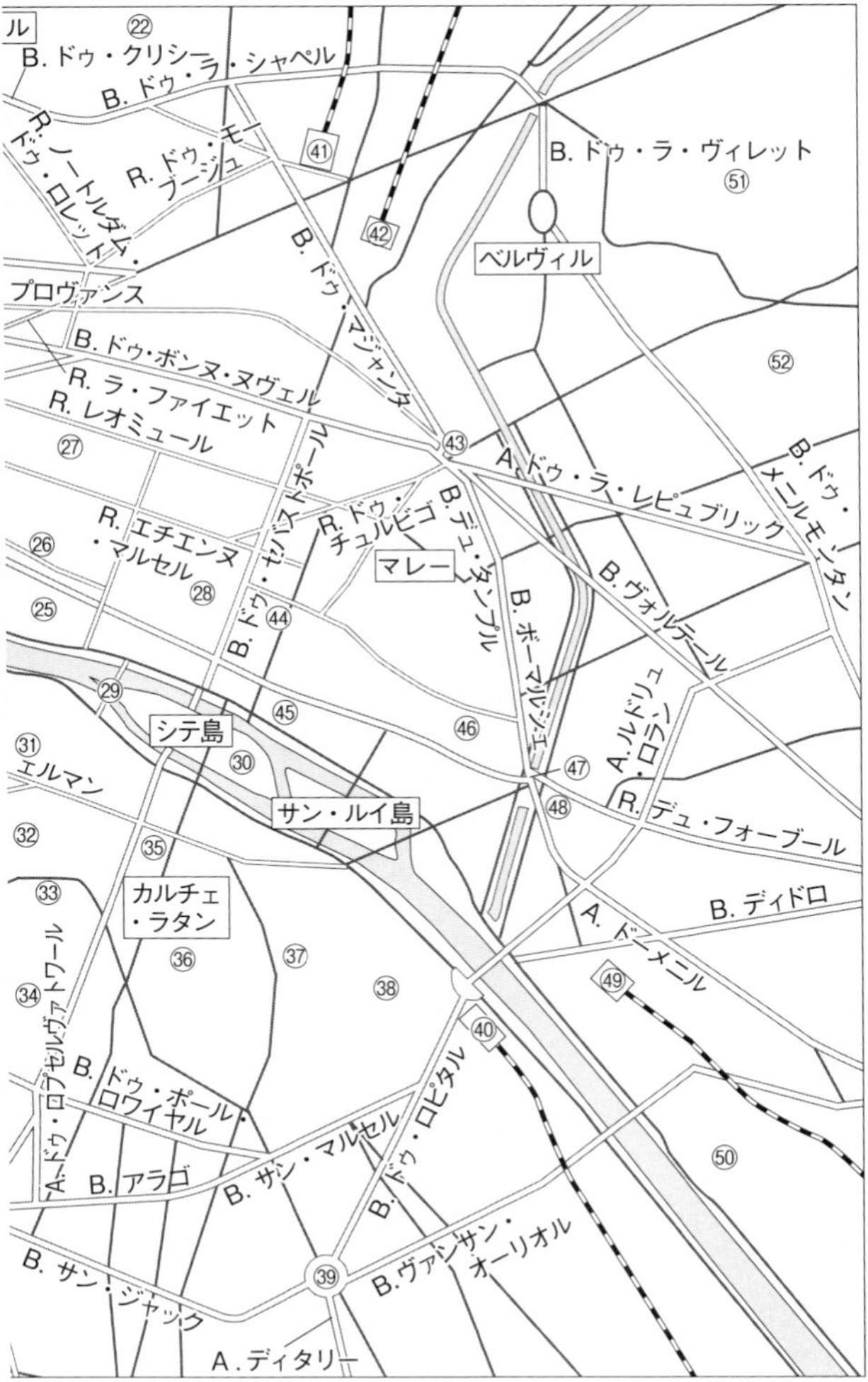
ル
㉒
B. ドゥ・クリシー
B. ドゥ・ラ・シャペル
R. ノートルダム・ドゥ・ロレット
R. ドゥ・モーブージュ
㊶
㊷
B. ドゥ・ラ・ヴィレット
51
ベルヴィル
B. ドゥ・マジャンタ
プロヴァンス
B. ドゥ・ボンヌ・ヌヴェル
R. ラ・ファイエット
R. レオミュール
㉗
52
㊸
A. ドゥ・ラ・レピュブリック
B. ドゥ・メニルモンタン
R. ドゥ・チュルビゴ
B. デュ・タンプル
B. ドゥ・セバストポール
マレー
R. エチエンヌ・マルセル
㉖
㉘
㉕
㊹
B. ヴォルテール
B. ボーマルシェ
A. ルドリュ・ロラン
㉙
㊺
㊻
シテ島
㉚
㉛
エルマン
㊼
㊽
R. デュ・フォーブール
サン・ルイ島
㉜
㉟
B. ディドロ
㉝
カルチェ・ラタン
A. ドーメニル
㊱
㊲
㊳
㊾
㉞
㊵
A. ドゥ・ロプセルヴァトワール
B. ドゥ・ポール・ロワイヤル
B. サン・マルセル
B. ドゥ・ロピタル
50
B. アラゴ
B. ヴァンサン・オーリオル
B. サン・ジャック
㊴
A. ディタリー

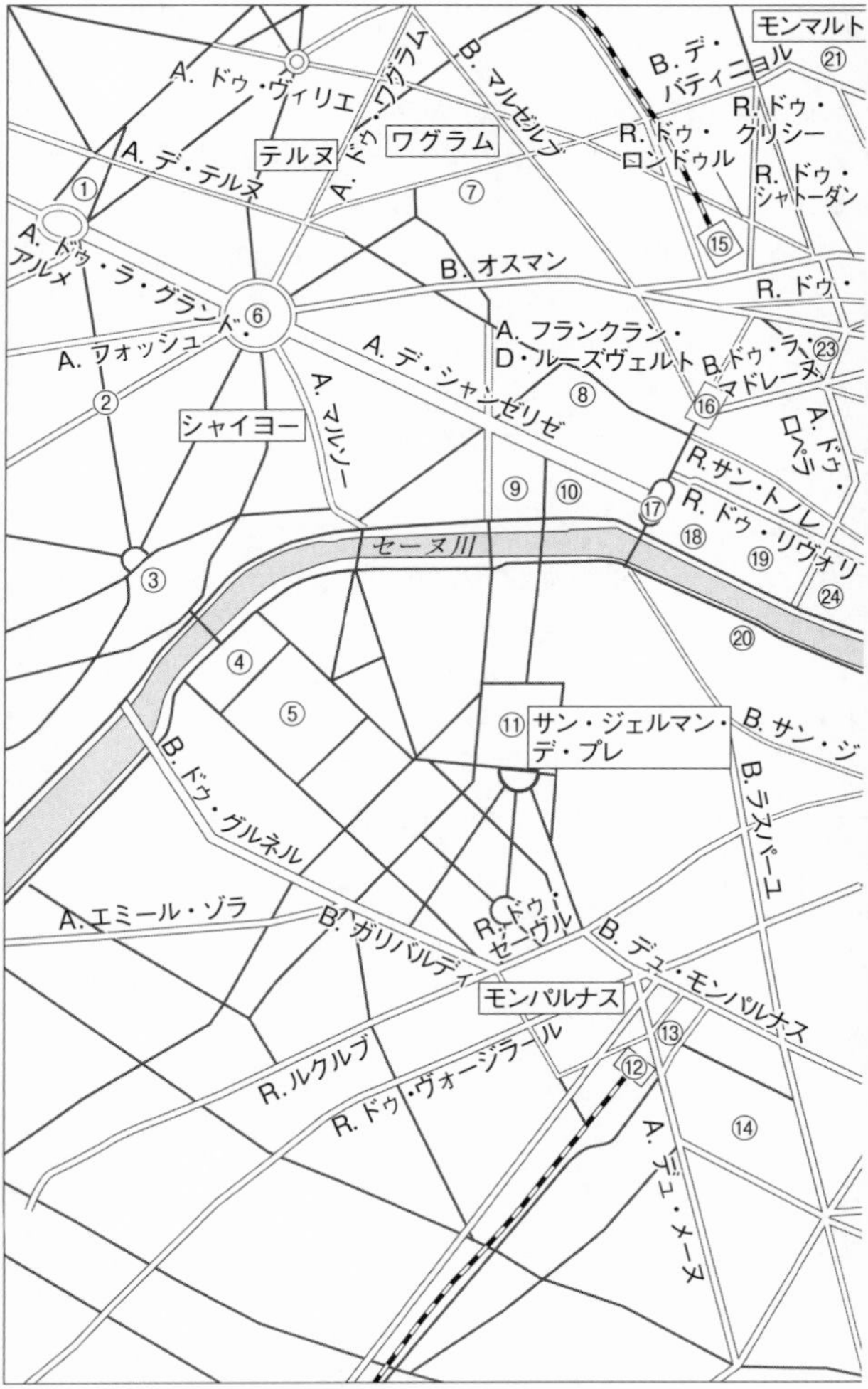

パリの主な通り（番号①～52については次頁を参照）

①パレ・デ・コングレ　②ヴィクトル・ユーゴー広場　③シャイヨー宮　④エッフェル塔　⑤シャン・ド・マルス公園　⑥凱旋門　⑦モンソー公園　⑧エリゼ宮　⑨グラン・パレ　⑩プチ・パレ　⑪アンヴァリッド　⑫モンパルナス駅　⑬モンパルナスタワー　⑭モンパルナス墓地　⑮サン・ラザール駅　⑯マドレーヌ広場　⑰コンコルド広場　⑱オランジュリー美術館　⑲チュイルリー公園　⑳オルセー美術館　㉑ムーラン・ルージュ　㉒サクレ・クール教会　㉓オペラ・ガルニエ　㉔カルーゼル広場　㉕ルーヴル美術館　㉖パレ・ロワイヤル　㉗国立図書館　㉘レ・アール　㉙ポン・ヌフ　㉚ノートルダム大聖堂　㉛サン・ジェルマン・デ・プレ教会　㉜サン・シュルピス教会　㉝リュクサンブール宮殿　㉞リュクサンブール公園　㉟クリュニー中世美術館　㊱パンテオン　㊲ルテチア円形劇場跡　㊳植物園（ジャルダン・デ・プラント）　㊴イタリー広場　㊵オーステルリッツ駅　㊶北駅　㊷東駅　㊸レピュブリック広場　㊹ポンピドゥーセンター　㊺パリ市庁舎（オテル・ドゥ・ヴィル）　㊻ヴォージュ広場　㊼バスチーユ広場　㊽オペラ・バスチーユ　㊾リヨン駅　㊿ベルシー公園　51ビュット・ショーモン公園　52ベルヴィル公園

※通りの名前の、Aはアヴニュー、Bはブルヴァール、Rはリュの略称

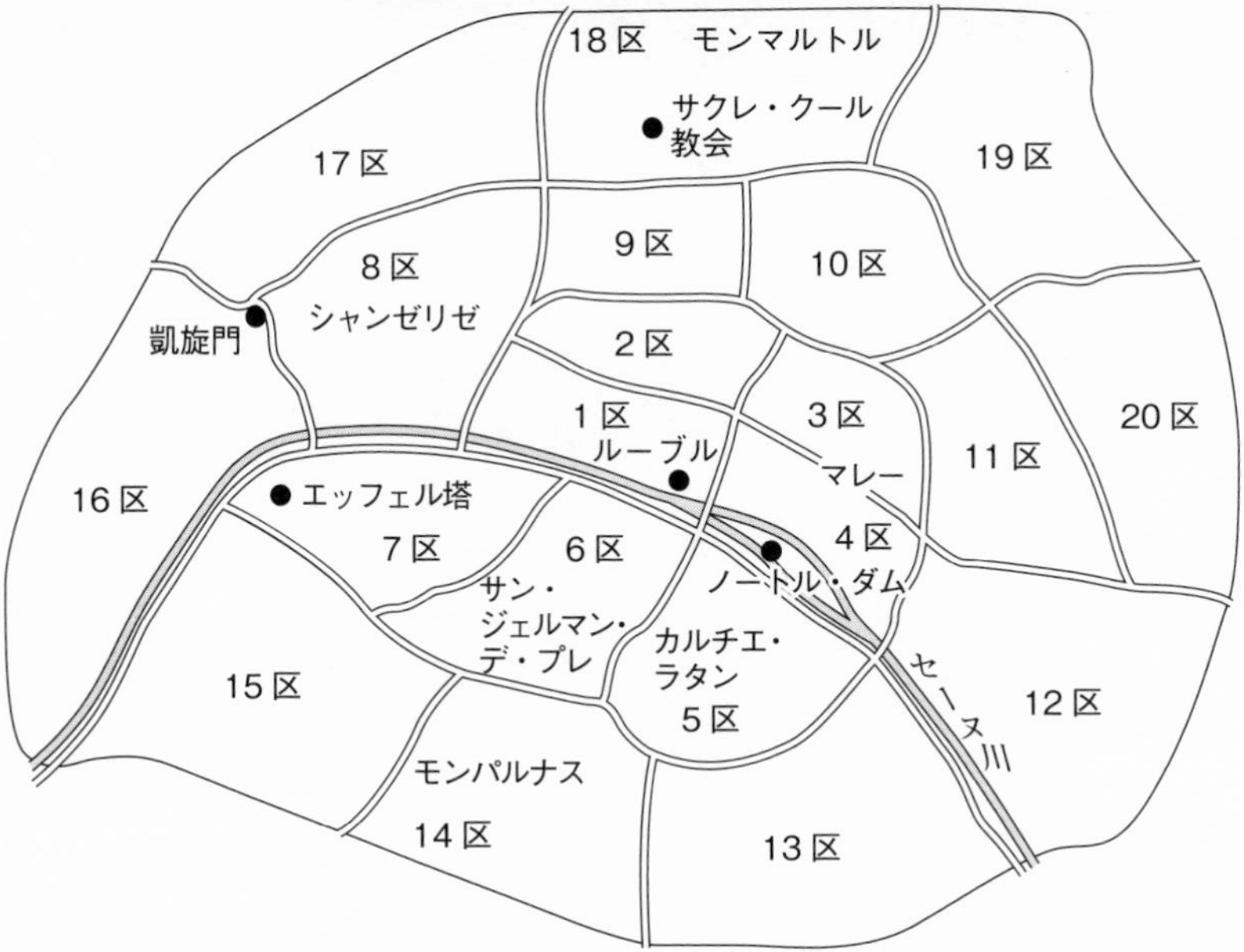
18区
モンマルトル
サクレ・クール
教会
17区
19区
9区
10区
8区
シャンゼリゼ
凱旋門
2区
1区
ルーブル
3区
マレー
20区
11区
16区
エッフェル塔
7区
6区
4区
ノートルダム
サン・
ジェルマン・
デ・プレ
カルチエ・
ラタン
5区
15区
セーヌ川
12区
モンパルナス
14区
13区

パリの区

第一部

パリの歴史を辿る

凱旋門

1　パリの起源・ローマ時代

セーヌ川とともに

パリの中心にはほぼ東西にセーヌ川が流れています。地図で言うと右下から中央へ上るように弧を描いたあと、エッフェル塔あたりから一気に左下に下がり、そこで折れて左上に再び上ってゆくように見えますが、セーヌ川の進行方向を向いて右側を「右岸」、左側を「左岸」と呼びます。左岸のラスパーユ大通りとセーヴル・バビローヌ通りが交差する角に、ひときわ威容を誇るホテルがあります。四年間の修復工事ののち、二〇一八年七月に再オープンしました。オテル・リュテチアという左岸で有数の高級ホテルですが、その名前の「リュテチア（ルテチアン）」とはパリの古名で、一説にはラテン語で「泥」「ぬかるみ」を意味するルトゥムという単語に由来すると言われています。

地勢的には北のモンマルトル、西のシャイヨー、南のサント・ジュヌヴィエーヴが高台で、セーヌ川流域は沼沢地になっていました。

パリを流れるセーヌ川には現在シテ島とサン・ルイ島という島がありますが、二〇一九年四月に火災で尖塔と屋根が燃え落ちたノートルダム大聖堂や最高裁判所のあるシテ島に

改装なったオテル・リュテチア（K）。

はローマ人が来る以前、紀元前三世紀頃から「パリシー族」（「田舎者」「乱暴者」を表すラテン語「パリシウス」の複数形）というケルト系民族が集落を形成して住んでいたと言われています。それゆえ、シテ島は、ルテチア・パリシオルム（パリシー族の沼沢地）と呼ばれていました。パリという名前はそこから来ています。人々はセーヌ川やその支流を使って、漁業だけでなく交易によっても生活していました。もっとも、最近では考古学的研究の結果、ガリア時代のルテチアはサン・ルイ島か、その隣にあって今では右岸になっている別の島か、あるいはそこから十キロメートルくらい離れたナンテールあたりにあったのではという説が唱えられるようになりました。まだ確定的ではないので、本書では従来の定説に従って話を進めます。

ユリウス・カエサル（英語読みでは「ジュリアス・シーザー」）の『ガリア戦記』第七巻五十七節から六十二節では次のように書かれています（國原吉之助訳。講談社学術文庫）。これが文献で初めて紹介されたパリでした。

ラビエヌスのほうは、イタリアから最近到着したばかりの補充部隊を、輜重《しちょう》の守備としてアゲディンクムに残し、彼自身は四個軍団を率いて、ルテキア（引用者注・ラテン語ではルテキア〈Lutecia〉とルテチア〈Lutetia〉という二種の綴りと発音があります）に向かう。これはパリシイ族の町で、セクアナ川の島の中に位置していた。彼の接近が敵方に伝えられると、近隣の諸部族が大勢ここに集まってきた。最高の指揮権は、アウレルキ族のカムロゲヌスに委ねられる。（略）彼は果しなくつづく沼沢地帯に目をつけ——それはセクアナ川に流れこみ、あたり一帯を非常に接近しがたい場所にしていた——ここに陣営を築き、わが軍の渡河を阻止しようとした（第五十七節）。

ラビエヌスは、まず屋台を動かし、柴束や材木を沼沢に埋め、頑丈な土手道を通そうと試みた。これを完成させることが困難とわかると、第三夜警時にこっそりと陣営から抜け出し、来たときと同じ道を通って、メトロセドゥムに着いた。この町はセノネス族の町だが、先に述べたルテキアの町と同じように、セクアナ川の島の中にあった。

約五十隻の船を手に入れ、すばやくそれらを連結して船橋とし、町の中へ兵士をなぐりこませる。町の人々は不意の出来事に仰天した。住民の大半は、戦争に狩り出されていたので、干戈《かんか》を交えずに町は陥落する。最近敵の手で破壊されていた橋を再建し、軍隊を右岸へ渡すと、セクアナ川に沿って下り、ルテキアへと行進しはじめる。

敵はこの知らせを、メトロセドゥムからの脱走者から受け取ると、ルテキアを焼き払い、その町へかかっていた橋をとり壊すように命じる。ガリア人は、沼沢地帯より出発し、セクアナ川にくると、ルテキアの対岸にラビエヌスの陣営と向かい合って陣営を構築する（第五十八節）。

夜のしらむころには、ラビエヌスの軍隊は全部渡河した。やがてカムロゲヌスの戦列が見えはじめた。（略）敵は誰も持場を譲らず、全員包囲され殺戮《さつりく》された。同じ運命をカムロゲヌスも甘受した（第六十二節）。

ローマ帝国がガリア全域を征服して属州としたガリア戦争は足かけ八年にも及びました。カエサルがもっとも苦戦した相手が、ケルト出身の族長ウェルキンゲトリクス（紀元前八二頃〜前四六年。ガリアに住むケルトの一部族アルウェルニ族出身。ガリア諸部族を統率し、前五二年、カエサルのローマ軍に対して「大蜂起」と言われる叛乱を起こしました。アレシアの戦いで敗れたとき、兵士たちの命を助けるために投降。ローマに幽閉されましたが、カエサル凱旋後、処刑されました。敵将を処刑することはほとんどしなかったカエサルとしても、何度も苦杯をなめさせられたウェルキンゲトリクスだけは許せなかったのでしょう。一時はカエサル軍を退けてガリアを守ったことから、ウェルキンゲトリクスは、とくに十九世紀以降のナショナリズムの昂揚《こうよう》の時代にはフランスの最初の英雄、二十世紀にはフランスのために戦った最初の抵抗運動指導者とみなされるようになりました。フランスで人気のあるコミック『アステリックス』の主人公にはウェルキンゲトリクスが投影されているそうです。クレルモンフェラン中央広場やサン・ジェルマン・アン・レーなどに彫像が建てられました）に指揮されたガリア諸部族の連合軍でした。

しかし、紀元前五二年、アレシアの戦いでウェルキンゲトリクス率いる連合軍が敗れた結果、ガリアはローマ帝国の支配下に置かれ、ルテチアもローマ式に改造されていきます。ローマ帝国の影響を受けたガリア文化や様式を「ガロ・ロマン」と呼びます。ルテチアはまさにガロ・ロマン文化の都市として整備されていきました。場所もシテ島から、今でいうカルチエ・ラタン周辺、つまりサン・ミシェル大通りとサン・ジャック通りの坂を上っていった附近、パンテオンや、パスカルやラシーヌの墓のあるサン・テチエンヌ・デ

「貴婦人と一角獣」も近年展示替えがあり、揃ってきれいに見られるようになりました（T）。

ユ・モン教会が建つサント・ジュヌヴィエーヴの丘あたりまで広がりました。

ローマ時代のおもかげ

　パリがキリスト教の都市となったのは三世紀のことですから、それ以前はもちろん、その後もしばらくはサント・ジュヌヴィエーヴの丘もローマ名で呼ばれ、ローマ人が多く住んでいたのです。今でもローマ時代の痕跡が見られるのは、「貴婦人と一角獣」のタペストリーで知られる国立クリュニー中世美術館と、ルテチア円形劇場《アレーヌ・ド・リュテス》跡です。

　クリュニー中世美術館は、サン・ミシエル大通りとサン・ジェルマン大通りが交わる角にあります。中世美術館の内部には天井に蔽《おお》われたフリギダリウム（冷浴室）、敷地内には大通りからも柵越しに見えるカルダリウム（温浴室）があり、ローマ時代の名残をとどめています。タペストリーの展示も新しくなりましたから、ぜひお勧めしたい観光スポットのひとつです。

サン・ミシェル大通りから見えるローマ時代の遺跡です（K）。

ルテチア円形劇場跡（T）。

もうひとつの遺跡、ルテチア円形劇場跡は、クリュニー中世美術館から一キロメートルあまりのところにあります。ガリア地方で最大級の建物に数えられていました。メトロ七号線のプラス・モンジュ駅か、十号線カルディナル・ルモワーヌ駅から徒歩五分程度の場所にあります。モンジュ通りにある入り口などは気をつけないと通り過ぎてしまうほど小さいのですが、中は意外に広く、子どもたちがサッカーをしたり若者たちが観客席でサンドイッチを頬張ったりする姿が見られます。すぐ外は賑やかなバス通りなのに、円形劇場跡に入ると拍子抜けがするほど静かで気持ちのよいところです。

キリスト教都市として

さて、三世紀にキリスト教の都市となったパリですが、最初の司教に任じられたのはフランスの守護聖人と称されることになる「パリのディオニュシウス」でした。フランス語ではサン・ドニと言います。しかし、多くの民をキリスト教徒に転向させたため、異教の人々にうとまれ、二五〇年頃、異教徒の多く住む右岸の山、モンス・メルクリウスのうえで斬首の刑に処せられました。首を切られたあとも首を持ちながら説教をして六千歩歩いたと言われています。絵画のなかでサン・ドニが自らの首を抱えている姿で描かれるのはそういう伝説に由来しています。説教をやめた場所がいまのパリ北郊サン・ドニと言われ、小さな祈禱所が建てられました。それがのちにフランス歴代国王の墓所となったサン・ドニ大聖堂です。モンス・メルクリウスは「殉教者の丘《モンス・マルチュルム》」と呼ばれることになります。モンス・マルチュルムはモンマルトルの語源です。

それから数十年後、ルテチアは「ウルブス（キウィタス）・パリジオルム」、すなわち、「パリシー人の町（都市）」と言われるようになりました。三一三年のミラノ勅令で全宗教（とりわけキリスト教）を公認した「大帝」コンスタンチヌス一世の甥《おい》、辻邦生《つじくにお》が小説で描いた『背教者ユリアヌス』がパリの首長となります。三五七年のことでした。

ユリアヌスはパリを愛した皇帝としても知られています。辻邦生は次のように書いています。

> ユリアヌスは朝日が遠い地平線の森を離れゆっくりのぼってゆくのを、宮殿の露台から眺めていた。露を含んだ初夏の微風が、青いセクァーナ（セーヌ）の河面を渡って流れてきた。宮殿の庭には薔薇やあらせいとうやピテュニアの花が咲きほこり、その香が風にまじっていた（第九章）。

シテ島のユリアヌスの宮殿があった場所には、現在最高裁判所が建っています。ユリアヌスは三六〇年にはパリで皇帝に推され、コンスタンチウス二世と並び二人皇帝の時代になりました。その年、ガリアの司教たちが集い、異端派を断罪する宗教会議を開き、ローマ教皇の権威は一気に広がったかに見えましたが、三六一年、コンスタンチウスが世を去るとユリアヌスは正式な皇帝として権勢をふるい、キリスト教の優遇政策を廃止します。そのユリアヌスも二年後に戦死。ローマ帝国の西半分（いわゆる西ローマ帝国）の統治はその後、さまざまな皇帝によって行われることになりました。

五世紀になると、東からフン族が強大な力をふるって、西方と南方を目指し、四五一年にはフン族の王アッティラが北ガリアに攻め込みます。アッティラがまさにパリを攻略しようとしていたとき、サント（聖）・ジュヌヴィエーヴ（四二〇頃～五〇二年頃）と信徒たちが力を合わせてアッティラを退けます。アッティラはパリに侵攻することなく、南のオルレアンへと去って行きました。聖ジュヌヴィエーヴはもともと羊飼いで、数々の奇跡を起こしたというので、信徒たちから絶大な敬愛を受けていました。彼女が徹底抗戦を呼び

聖ジュヌヴィエーヴの彫像。サン・テチエンヌ・デュ・モン教会（K）。

かけ、断食をして祈った結果、パリの人々も踏みとどまったのでした。すでにローマ帝国の権威は衰え始めていました。やがて、フランク王国の時代がやって来ます。

2　五世紀末　フランク王国

メロヴィング朝初代国王クロヴィス

フン族の脅威は去ったとはいえ、それで安泰というわけにはいきませんでした。四七〇年には、おもにフン族の圧迫を受けて生じたゲルマン民族の大移動にともない、西にやってきたフランケン（「自由な人」「勇敢な人」の意。フランク族とも言います）族の一部族によってパリは攻囲されました。十年に及ぶ攻囲のさなか、またしても聖ジュヌヴィエーヴがパリを救います。彼女はパリを抜け出し、セーヌ川とその支流のオーブ川の水路を使って、麦をパリへと運ぶことに成功しました。

パリを攻囲していた部族の王の息子がクロヴィス（四六六頃～五一一年）です。四八一年、クロヴィスは父王の死去に伴い、王位を継承します。弱冠十五歳でした。クロヴィスは北ガリアとベルギーを支配下に治め、五年後、北ガリアを支配していたローマ帝国の軍団長に勝利を収め、聖ジュヌヴィエーヴと合意のうえで、軍事力を行使することなく、パリを支配下に置きました。そして他のフランク族の王を次々と打ち倒して全フランクを統一したのです。

クロヴィスはかくしてフランク王国の第一王朝メロヴィング朝初代の国王となったのですが、もうひとつ忘れてならないことは、ブルグンドの王女で、敬虔《けいけん》なカトリック信者だった妻クロチルドの強い勧めもあり、敗色濃厚だった戦いに奇跡的に勝利したことから、四九六年、カトリックに改宗したことでしょう。場所はのちに歴代フランス国王が戴冠することになるランス（現在のシャンパーニュ地方の中心都市）で、洗礼を施したのは聖レミギウス（聖《サン》レミ）でした。この改宗はその後のフランスの政治や社会に長い期間にわたって大きな影響を与えていきます。いいえ、影響という以上に、根本的な性格を決定してしまったと言えるかもしれません。ヨーロッパ社会のキリスト教的伝統はまさにこのフランク王国国王の改宗という大きな転回点を経て形成されてゆくのですから。

アンリ四世校構内にあるクロヴィスの塔（K）。

次々に教会が建てられる

クロヴィス以降、パリの左岸を中心に

サン・テチエンヌ・デュ・モン教会（K）。

いくつかの修道院や教会が建てられました。聖ジュヌヴィエーヴが五〇二年頃に他界すると、現在のサント・ジュヌヴィエーヴの丘に葬られ、もともと墓地になっていた場所に聖ペテロ・聖パウロ修道院（聖使徒修道院）が建てられました。クロヴィスは五一一年、パリのシテ島の王宮で、クロチルドは五四五年頃、トゥールで敬虔な信徒として世を去ります。二人は聖ジュヌヴィエーヴとともに、修道院の教会に埋葬されました。

やがてその修道院はサント・ジュヌヴィエーヴ修道院と名前を変えますが、九世紀のヴァイキングの襲撃以降、何度も降りかかる荒廃の危機を乗り越え、再建を繰り返したのちに、十八世紀半ば、地下納骨堂のうえに現在のパンテオンが建てられました。いまはサン・ジェルマン・デ・プレ教会にあるデカルトの棺も最初はその修道院に収められました。

リュクサンブール公園からパンテオンを見て、左手奥にサン・テチエンヌ・デュ・モン教会があります。

十五世紀末から百三十年の時間をかけて建てられた教会で、すでに書いたように、パスカルやラシーヌも眠っています。そして、じつは聖ジュヌヴィエーヴの聖遺物筺《せいいぶつばこ》もこの教会に移されました。ただし、中身は空です。と言いますのも、フランス革命時の宗教弾圧の際、具体的には一七九三年十月三日のことですけれど、聖ジュヌヴィエーヴの聖遺物は現在の市庁舎前広場（当時はギロチンなどによる処刑が行われていたグレーヴ広場）で燃やされて、灰はセーヌ川に投げ捨てられたからでした。それまでは、パリに危険が迫ると、市民たちはパリの守護聖人である聖ジュヌヴィエーヴの聖遺物筺を担いで市中をまわったものでした。サン・テチエンヌ（聖エチエンヌ＝聖ステファノ）・デュ・モン教会は、現在のノートルダム大聖堂の場所にあったサン・テチエンヌ大聖堂の名前を移して「デュ・モン」（山の）をつけたものです。サント・ジュヌヴィエーヴ修道院に詣でる人々があまりに多いので、少し場所をずらして建てられることになりました。

六世紀半ばにはサン・ジェルマン・デ・プレ修道院の建立が始まります。現存するパリ最古の教会です。今のパンテオンから千六百メートルほど離れたところにありますが、そのままセーヌ川に向かい、橋を渡るとルーヴル美術館に行けます。メトロですと一回乗り換え、六つ目の駅になりますが、徒歩なら最短で千百メートル、十五分ほどの距離しかありません。パリは交通網が発達しているので、一週間や一ヶ月の定期券か回数券を持っているとついバスやメトロに乗ってしまいますが、意外に小さな町なので、歩いてみるとパリの大きさが実感できるかもしれません。

余談めいたお話をしますと、私の兄はいまでもパリへ行くと交通機関を使わず歩いてしまうことが多いのですが（私も若い頃はよく歩きました）、ルーヴル美術館からオペラ・ガルニエ（千三百メートル、二十分）、ノートルダム大聖堂（千八百メートル。二十五分）、凱旋門（三千五百メートル。五十分）くらいなら歩いたほうがかえって楽だと言います。健脚自慢の方でなくても、パリの名所旧跡はある程度徒歩で巡ることができると言えるでしょうか。

メロヴィング朝の時代まで遡ることのできる現存する教会は、左岸でサン・セヴラン教会、サン・メダール教会、ノートルダム・デ・シャン教会、右岸でサン・マルタン・デ・シャン教会、サン・ドニ教会（現在はサン・ピエール教会）です。「サン」は英語で言うと「セイント」で、聖人の名前に関わっています。「ノートルダム」は英語にそのまま訳せば「アワ・レイディ」で「聖母マリア」を指します。「プレ」は「野原」、「シャン」も「野原」「畑」を表す言葉です（「デ」は英語の「オブ・ザ」）。当時の教会がまだ街中になっていないところに建てられていったことがわかります。

カロリング朝の成立

さて、五一一年、フランク王国第一王朝メロヴィング朝初代の王クロヴィス一世が世を去ると、王国は分裂し、北東部のアウストラシア分王国（現在のフランス東部、ドイツ西部、ベルギー、オランダ、ルクセンブルク。メスが中心地）、ネウストリア分王国（現在のフランス北部）などに分割され、その後も個別の統一と分割を繰り返します。パリはネウストリア分王国の中心地の一つとなりますが、やがてフランク王国はイスラム勢力を撃退した宮宰《きゅうさい》カール・マルテル（六八九?〜七四一年）の支配下に置かれるようになりました。宮宰というのは行政分野の最高位で、ほとんど宰相と同じ機能を果たしていたメロヴィング朝フランク王国の官職名です。

カール・マルテルの息子が短軀《たんく》王《おう》ピピン三世（小ピピン。七一五〜七六八年）で、七五一年、メロヴィング朝の王を廃し、パリから離れたソワッソンで自ら王位に就きました。父親の名前の「カール」に由来するフランク王国第二王朝カロリング朝の始まりです。ローマ教皇にラヴェンナなどの地方を寄進した見返りにその後ろ盾を得て、自らの王としての権威を高めていきます。サン・ドニで死んだピピン三世はサン・ドニ大聖堂に葬られました。

この小ピピンの息子がカール一世（七四二〜八一四年）です。最初は兄弟と分割した王国を、七七一年には単独支配するようになります。カールはフランス語でシャルルとなりま

ノートルダム大聖堂の前庭にあるシャルルマーニュの騎馬像（K）。

すが、西ローマ帝国皇帝、初代神聖ローマ帝国皇帝にもなったカールはフランス語では、「偉大な王シャルル」という意味の「シャルルマーニュ」と呼ばれるほか、「シャルル大帝」「カール大帝」、英語読みの「チャールズ大帝」と表記されることがあります。西ヨーロッパのほとんどを支配下におさめただけでなく、現在のフランスやドイツの基盤を築いた王として歴史に名を残しています。

フランス最古の叙事詩として名高い『ローランの歌』は、七七八年、シャルルマーニュのスペイン・サラゴサ攻囲の帰途、ピレネー山中のロンスヴォーで、イスラム軍に襲撃された後衛軍が力尽きて全滅した故事に創作を加え、シャルルマーニュの甥の設定で勇猛果敢なローランを主人公に据えて、その最後の戦いを描いた口承文藝の傑作です。

ローランは中世の叙事詩ではすこぶる人気のある英雄で、イタリア語では「オルランド」として、アリオストの有名な作品『狂えるオルランド』の主人公にもなりました。シャルルマーニュが天使から授かった聖剣デュランダルを武器に戦い、角笛オリファンを吹くという、如何にも英雄伝説にふさわしい道具立ても揃っていました。『ローランの歌』が作られた時期ははっきりしていませんが、十一世紀には各地で歌われていたと言います。

シャルルマーニュの時代は相次ぐ遠征によって、フランク王国の版図を広げ、ヨーロッパの概念を新たにしました。『ローランの歌』はまさにシャルルマーニュ治下ならではの叙事詩だと言えますが、同時に忘れてならないのは、この時代、のちのルネサンスにも繫がるような文芸尊重の気運が高まっていたということでしょうか。王国の各地から学者や修道士が集められ、ラテン語で教育が行われたほか、カロリング小文字体が考案され、学問的展開や情報の共有が可能になったのです。

ただ、もともとシャルルマーニュはアウストラシア分王国の宮宰を輩出した家柄の出ということもあり、また、シャルルマーニュが王宮を定めたのはいまのドイツ西部のアーヘン（フランス語では「エクス・ラ・シャペル」）ですから、ネウストリアのパリは政治的中心ではなくなります。つけ加えますと、世界遺産にもなっているアーヘン大聖堂ですが、もともとはシャルルマーニュの宮殿附属の礼拝堂でした。シャルルマーニュの遺骨は同大聖堂におさめられています。

八一四年にシャルルマーニュが他界したあと、フランク王国は分裂の危機を迎えます。

もともとは息子たちの共同統治の形で引き継いでゆく王政を続けてきたのですが、相続問題が複雑に絡み合い、カロリング朝第三代のルイ一世（ドイツ語では「ルートヴィヒ」。七七八〜八四〇年）の死後、三人の息子たちが争い、八四三年ヴェルダン条約で、王国は三分割されることになりました。イタリア、ドイツ、フランスとして発展してゆく出発点がそこにあったと考えていいでしょう。

3　十世紀　カペー朝

パリを地盤とする王家の登場

さて、政治的・文化的中心地という存在ではなくなっていたパリでしたが、セーヌ川を通じて交易の要所となっていたので、北方ゲルマン（ノルマン）、いわゆるヴァイキングの侵略にさらされることになります。ヴェルダン条約の翌年には、ノルマン人がパリに攻め入ってきました。その後も何度も侵攻は繰り返され、八八五年には、七百艘の船に乗った四万の軍がパリを攻囲したと言われています。二年に及ぶ攻囲戦を生き延びたパリの人々でしたが、とくに目立ったのが、アンジュー伯ロベール強王の息子のパリ伯ウード（八五二?〜八九八年）の活躍でした。

八八八年、ウードは西フランク王国の王となります。カロリング朝出身ではない国王の誕生でした。ウードの出身のロベール家はもともとベルギーあたりの豪族でしたが、三人の王を輩出。その後も、カペー朝、ヴァロワ朝、ブルボン朝と血を繋ぎ、革命時やナポレオン時代を除けば、千年近くフランスの王権にかかわっていた家柄です。カロリング朝に続くカペー朝の始祖となったユーグ・カペー（在位九八七〜九九六年）は、直前のカロリング朝直系の後継者が相次いで急死したため、ノワイヨンで王位に就きました。カペー朝は一三二八年まで続きます。領地は当初イル・ド・フランス、つまりパリとオルレアン周辺に限定されていましたが、その後、政治的・経済的・文化的中心地となったパリを支配したことは他の諸侯に比べて有利だったと言われています。

ユーグ・カペーの息子の敬虔王《けいけんおう》ロベール二世（在位九九六〜一〇三一年）はシテ島にあった王宮を再建します。教会と王権の拮抗《きっこう》するなかで、この宮殿再建は国王の権威を高めるのに大いに貢献しました。ことにフィリップ二世以降、十五世紀半ばまでシテ宮殿並びにルーヴル宮殿はフランス国王の中心的な王宮となります（各王の生没の場所はさまざまですが）。パレ・ド・ラ・シテ（シテ宮殿）はもともと、現在のコンシエルジュリー（のちにマリー・アントワネットが幽閉されて最後の日々を過ごした牢獄）と最高裁判所とステンドグラスの美しいサント・シャペル附近に建っていました。

フランス王家の系図を見ていますと、血縁関係が複雑に絡み合う場合が少なくないのですが、カペー朝の系図は比較的すっきりと直系男子が世襲制で王位についていることがわかります。フランスが国家としての形態を整えていったのがこの王朝の時代なので、煩瑣《はんさ》にならない程度に書き出してみましょう。括弧内は在位期間です。

①ユーグ・カペー（九八七～九九六年）
②敬虔王ロベール二世（九九六～一〇三一年）
③アンリ一世（一〇三一～一〇六〇年）
④フィリップ一世（一〇六〇～一一〇八年）
⑤肥満王ルイ六世（一一〇八～一一三七年）戦争王とも。
⑥若王ルイ七世（一一三七～一一八〇年）
⑦尊厳王《オーギュスト》フィリップ二世（一一八〇～一二二三年）フィリップ・オーギュストとも。
⑧獅子王ルイ八世（一二二三～一二二六年）
⑨聖王ルイ九世（一二二六～一二七〇年）聖ルイとも。
⑩豪胆王フィリップ三世（一二七〇～一二八五年）大胆王とも。
⑪端麗王フィリップ四世（一二八五～一三一四年）

⑫喧嘩王ルイ十世（一三一四～一三一六年）強情王とも。
⑬遺児王ジャン一世（一三一六年）ルイ十世の死後に生まれた遺児。生後すぐに死亡。ここまではすべて息子が継ぎました。
⑭長軀王フィリップ五世（一三一六～一三二二年）ルイ十世の弟。
⑮端麗王シャルル四世（一三二二～一三二八年）ルイ十世の弟。

初期は教会の権威に頼っていた王家の人たちも、直系男子との共同統治の形式を経て、第四代のフィリップ一世の頃にはフランス王家の世襲制の基礎が定まりました。第五代と第六代の二人のルイと第七代フィリップ二世の治世に、王権は飛躍的に強化され、領地もイル・ド・フランスだけではなくて、ノルマンディーや南仏にまで及びます。

とはいえ、当時は妻の所領は離婚すると手放さなくてはなりませんでした。一例を出しますと、ルイ七世がアキテーヌ地方の相続者である妻アリエノールと離婚した結果、アキテーヌの支配権は、アリエノールが再婚したのちの英国王ヘンリー二世の手に渡ります。百年戦争そのものは第十五代シャルル四世に世継ぎがなかったことに端を発するのですが、英国との諍《いさか》いはすでにこの時代から何かしら始まっていたと言えるでしょうか。

パリを整備する

右岸の経済的基盤が確立していったのもこの頃からです。橋を通じた交通が船による交易に加わり、一一三七年にはルイ六世の手でパリの流通を支配する中央市場が設けられます。パリは経済都市としても発展してゆくことになります。

フィリップ二世オーギュストについてはとくに書いておかなくてはならないことがいくつかあります。まずは王宮についてお話ししましょう。ロベール二世の時に改修されたシテ宮殿（パレ・ド・ラ・シテ）ですが、それまでは慣習に従って各領地を転々としていた国王たちも、ルイ六世以降はパリに滞在する機会が増えて行きました。フィリップ二世はパリを首都と定め、もっぱらパリで暮らすようになります。彼は礼拝や仕事の場となったシテ宮殿のほかに、一一九〇年から一二〇二年にかけて城塞としてルーヴル宮殿を建てます。

彼以後の王たちはシテ宮殿とルーヴル宮殿、さらにヴァロワ朝のシャルル五世が建てた、バスチーユ要塞近くのサン・ポール館を好みに応じて使い分けます。ヴァロワ朝の時代も下って十五世紀になると、王たちはパリではなく、ロワール川沿いに建てた城館に住むことが多くなります。先走りますけれど、再びパリへ戻ることを決意したのはフランソワ一世でした。一五二八年のことです。

シテ島のアベラール旧居跡の扉のアベラール（左）とエロイーズ（右）の彫像。引き裂かれた恋人たちが遠くから互いを見つめあっています（Y）。

フィリップ二世はパリの都市化にも大きく関わっていました。シテ島と右岸の経済活動を後押しするとともに、左岸ではルイ七世に次いで神学や哲学をはじめとする学問研究の発展に寄与しました（往復書簡でいまに伝わる学僧アベラールと才女エロイーズの有名な恋愛はルイ六世の時代でした。アベラールはパリ大学の基礎を築いた大学者です）。パリ大学はそうした学問を尊重する精神のなかから生まれたのです。フィリップ二世はさらに、上下水道や施療院《せりょういん》や敷石による道路整備など都市のインフラ整備にも力を注ぎ、その後のフランスの発展の礎《いしずえ》を築きました。市壁を築き、パリを堅固な要塞都市にしたのもフィリップ二世です。さらに、王宮内の今でいうパレ・ド・ジュスティス、最高裁判所のあるところに高等法院を作りました。国務会議、会計監査院と並んで王にかかわるものとして創設されたもので、当時はパリにしかありませんでした。

パリの最高裁判所《パレ・ド・ジュスティス》やヴェルサイユ宮殿にはフィリップ二世の彫像が置かれています。

ルイ八世は南仏のより広範囲な制圧に成功した国王ですが、母親がカロリング朝の血を引いていることから、カペー、カロリング両王朝の系統を受け継ぐ国王として、より正統性を増したことになります。

カペーの王たち

その息子がルイ九世です。死後に列聖されて「聖ルイ」「聖王ルイ」と呼ばれるようになりました。十八世紀後半にフランス人が作ったアメリカの町セントルイスは、聖ルイに因《ちな》んでつけられた名前です。深くキリスト教に帰依し、平和と公正を旨とした政治を行いましたが、十字軍の遠征では失敗が重なり、最後は遠征先で命を落としました。

聖遺物（キリストの荊冠《けいかん》など）を集め、それを収蔵するためにサント・シャペルを建立しました。裁判制度などを整えただけでなく、藝術の振興にも尽力しました。ゴチック様式が盛んになったのもこの時代で、パリは藝術の中心地となりました。十字軍の失敗はあったにしても、総じて理想のキリスト教の国王という評価がなされています。なお、フランス王室の象徴とされる白百合の紋章が正式に使われるようになったのはルイ九世の時代からでした。

ちなみに、聖ルイに仕え、ともに第七回十字軍遠征にも参加して、王の信頼を勝ち得た家臣のジャン・ド・ジョワンヴィルが王の死後に書いたすぐれた伝記があり、日本語では『聖王ルイ』（ちくま学芸文庫）として読むことができます。敬虔で慎ましい聖ルイの人柄を描いて秀逸です。

聖王ルイの息子フィリップ三世は特筆すべき事績はほとんどありませんが、ここで触れておきたいのはその三男のシャルルについてです。シャルルは一二八四年、父王よりヴァロワ伯に任じられます。このシャルル・ド・ヴァロワの息子のフィリップ六世が、カペー朝最後の王シャルル四世の後を継いで国王になり、ヴァロワ朝が始まることになりました。

次のカペー朝第十一代のフィリップ四世ですが、史上名高い「教皇のバビロン捕囚」、いわゆる「アヴィニョン捕囚」のきっかけを作りました。ローマ教皇やテンプル（タンプル）騎士団と対立していたフィリップ四世は、一三〇三年、ローマ市郊外のアナーニの離宮にいた教皇ボニファチウス八世を襲撃させせます。ボニファチウス八世はそのショックがもとで急逝《きゅうせい》。ローマ側は「憤死」と表現し、フィリップ四世は「ローマ教皇を憤死させた王」と言われるようになりました。

彼は一三〇五年、クレメンス五世を推してローマ教皇の地位に就けるとともに、一三〇九年、教皇庁を南仏のアヴィニョンへと移します。以後、一三七七年まで、七人のフランス人教皇がアヴィニョンで位に就くことになりましたが、その後も複数の教皇が位に就く、日本の南北朝のような事態（シスマ＝教会大分裂）が一四一七年まで続くことになりました。

一方、テンプル騎士団を異端として弾圧し、解散に至らしめたのもフィリップ四世です。各地に所領を持っていた騎士団の組織壊滅と富の獲得が目的でした。彼はまた、シテ宮殿の改築にも取り組み、国王みずから裁判に臨席するグランド・サル（大きな部屋）を設けました。一三七〇年以降、一部が監獄に転用されたコンシエルジュリーは「王室官房長」（コンシエルジュ）の管理する建物という意味でした。最近の日本ではホテルやマンションのフロント係をコンシエルジュと言うことが多いので、監獄のイメージとはすぐに結びつかないかも知れません。

カペー朝第十二代国王のルイ十世は、テニスの前身であるジュ・ド・ポームが大好きで、試合のあと、冷たいワインを飲んだせいで体調を崩し急逝しました。妻は妊娠していたので、五ヶ月後に生まれたジャン一世が王位を継承したのですが、生後まもなく死去。

ルイ十世の弟のフィリップ五世が国王になりました。直系男子で縦に継承してきた王位がここで横滑りしたわけです。

フィリップ五世には男児がいましたが、二人とも夭逝したため、その死に際しては再度弟が継ぐことになりました。それがシャルル四世です。アキテーヌをめぐって、妹イザベラ・オブ・フランスの夫、イングランド王エドワード二世と戦い、勝利したのですが、男児は夭逝し、跡継ぎがなくなってカペー朝は断絶することになりました。

先にふれたように、カペー朝第十代フィリップ三世の四男シャルルがヴァロワ伯に叙せられ、その息子のフィリップ六世が諸侯から推挙を受けて国王になります。そして、シャルル四世の妹イザベラの子で、一三二七年にイングランド王になったエドワード三世が、カペー朝出身の母を通じてカペー朝の血を正統に受け継いでいる自分にこそ、フランスの王位継承権があると主張しますが、一三三七年、フィリップ六世はアキテーヌ公領を没収してガスコーニュに出兵。エドワード三世は十一月に、フランスに宣戦布告します。

ここに、一四五三年まで続く英仏の百年戦争が始まったということになります。ごく表面的に言えば、プランタジネット朝とランカスター朝のイングランドとヴァロワ朝フランスの間で、フランスの王位継承を巡って戦われた戦争でした。英国とフランスの国境はこの戦争の結果決まりました。

4 ヴァロワ朝 第三身分の誕生

戦争の時代

フィリップ六世から十三代、二百六十年あまり続いたヴァロワ朝ですが、二度直系が途絶え、親戚筋の血統から王位を繋ぎました。この王朝もパリとは縁が深いので、前章と同じように名前を列挙してみましょう。括弧内は在位期間です。百年戦争（一三三七～一四五三年）は初代フィリップ六世から五代目のシャルル七世の治世にかけて続きました。

①幸運王フィリップ六世（一三二八～一三五〇年）
②善良王ジャン二世（一三五〇～一三六四年）
③賢明王シャルル五世（一三六四～一三八〇年）
④狂気王シャルル六世（一三八〇～一四二二年）親愛王とも。
⑤勝利王シャルル七世（一四二二～一四六一年）よく尽くされた王とも。父王の死後百年戦争の終結まで、英国ランカスター家のヘンリー六世がフランス北部を「王」として支配しました。

⑥慎重王ルイ十一世（一四六一～一四八三年）
⑦温厚王シャルル八世（一四八三～一四九八年）
（ヴァロワ・オルレアン家）
⑧民の父王ルイ十二世（一四九八～一五一五年）
（ヴァロワ・アングレーム家）
⑨フランソワ一世（一五一五～一五四七年）
⑩アンリ二世（一五四七～一五五九年）
⑪フランソワ二世（一五五九～一五六〇年）
⑫シャルル九世（一五六〇～一五七四年）
⑬アンリ三世（一五七四～一五八九年）

百年戦争については次章でまた触れるとして、ここではまずヴァロワ朝についておさらいをしておきましょう。

ひと言で言うと、ヴァロワ朝前半は英国との戦いに敗れ、戦費増大で民衆の生活が苦しくなるとともに、黒死病と言われたペストがたびたび猖獗《しょうけつ》をきわめた時代でした。同時に、国王が囚われの身になったこともあって、第三身分と言われるブルジョワジーが台頭してきた時期でもありました。

フィリップ六世はイングランドとの争いに死力を尽くしましたが、一三四〇年のスロイスの海戦で敗れ、英仏海峡の制海権を失い、一三四六年にはクレシーの戦いで大敗を喫します。翌年にはカレーを占領されました。この一三四七年という年は、ペストが大流行した年のひとつです。フィリップ六世はまさに内憂外患《ないゆうがいかん》を背負いながら、戦費で傾いた財政立て直しのために塩の専売制度を始めました。カペーの直系が途絶えたために、フランク族の法典（サリカ法典）の規定に則って血筋をたどった結果、いわば転がり込んできた玉座だったので、ときとして「幸運王」と呼ばれることがあります。

ジャン二世は父王の後を継いでイングランドと戦いましたが、一三五六年、ポワチエの戦いで、勇猛果敢で戦に長けたエドワード三世の長子エドワード黒太子の捕虜になってしまいました。英国に連れて行かれたあと、一時は息子のひとりを人質にし、パリ市民から徴収した多額の身代金を英国側に支払うのみならず、フランスのかなりの地方をイングランドに割譲するという条件でフランスに帰りましたが、その息子が脱走したため、再び海を渡り、旅行などは許される比較的自由な待遇だったとはいえ、虜囚《りょしゅう》のまま世を去りました。「善良王《ル・ボン》」というのは「お人好し」の皮肉でしょう。

5　エチエンヌ・マルセル

パリの大立者

ジャン二世が囚われている間、パリではパリ市長にあたる「商人頭《プレヴォ》」（一二六三年から一七八九年のフランス革命まで百三十四代にわたって「パリ商人頭」が市長としての職務を果たしました。エチエンヌ・マルセルは十六代目です）だったエチエンヌ・マルセルが実権を握り、租税の徴収や軍の召集、休戦などの重要事項の決定には、貴族、聖職者、ブルジョワジー（第三身分）の人々で構成される三部会の承認が必要だという「大勅令《だいちよくれい》」の制定に力を尽くしました。しかし、王権が制限されることに海の向こうから猛反発したジャン二世はむろん、その長子の王太子シャルル（のちのシャルル五世。当時は摂政《せつしよう》）もマルセルら第三身分の人々と激しく対立することになります。

奇しくも、ノルマンディー地方やシャンパーニュ地方で起こった農民一揆ジャックリーの乱と同じ年ですが、一三五八年二月、ジャン二世の使者が英国への国土譲渡の条約の履行を求めてパリへやってきたとき、民衆の怒りは頂点に達しました。マルセルの呼びかけに応じた三千人あまりのパリ市民たちは武器を手に王宮へ乗り込みます。王太子の居室に入ったマルセルは、イングランドの支援を得てパリ郊外を荒らしている野盗のごとき集団をなぜ軍隊で追い払わないかと詰め寄ります。

王太子は、その役目は町の財政をつかさどる商人たちが果たすべきだと反論。二人の諍いを止めようとした二人の元帥はマルセルに付き従ってきた男たちに殺されてしまいます。恐れおののいて命乞いをする王太子に、マルセルはみずからの支援者のかぶる青と赤の帽子をかぶせて、王太子がパリの町の庇護下に入ったことを示しました。

マルセルたちの意図はあくまで王権の暴走を防ぐことにあり、革命ではありませんでしたから、王太子を殺害することにはなりませんでした。その翌日、配下の商人と聖職者とパリ大学の関係者を一堂に集めて、王権を三部会の監督下に置くこと、行政官の任命権を持つ三十六人会議を設置することを決めました。こうして完全でないまでも、王権の一部が第三身分にもたらされたのです。

共和国的理想の先駆者として

パリに居場所がなくなったシャルル王太子はパリを出て、各地方で王政支持を求めて回ります。エチエンヌ・マルセルは、王太子に対抗するため、フィリップ四世の曾孫で、フランス国王の地位を狙っていたナヴァール王カルロス（シャルル）悪人王の協力を求めて王をパリに招きます。悪人王はしかし、イングランドと同盟を結んでいたため、マルセルは

エチエンヌ・マルセルの像（K）。

一気にパリ市民の信頼を失う羽目になりました。加えて、王太子がパリに対して行った経済封鎖の影響でパリ市民の生活は苦しさを増す一方でした。パリ市民たちは、マルセルを見限り、王太子をパリへ呼び戻そうとします。

一三五八年七月末の早朝、サン・タントワーヌ門附近を警護する守備隊の視察をしていたマルセルを人々が襲撃し、命を奪いました。その二日後、摂政シャルル王太子はパリに入りました。王太子は人々をレ・アールに集め、エチエンヌ・マルセルはイングランド軍と通じていただけでなく、王太子と王太子を支援する人々を暗殺する計画を立てていたと告げました。

マルセルは「十四世紀のダントン」とも言われます。封建時代にあって共和国的理想を少しでも目指そうとした人物として知られています。サン・サーンスにはオペラ『エチエンヌ・マルセル』がありますし、一八八八年には、いまのパリ市庁舎（オテル・ド・ヴィル）側面のセーヌ川寄りの道路沿いの石柵のうえに、セーヌ川に向かって威風堂々と立つ騎馬姿のマルセルの彫像が据えられました。シテ島を通るメトロは四号線だけですが、シテ駅から北へ向かって三つ目がエチエンヌ・マルセル駅です。新装なったレ・アールの裏手に東西に走る太い道路にはエチエンヌ・マルセル通りという名前がついています。パリに関わりの深い名前として記憶にとどめてもいいでしょう。

シャルル五世

ジャン二世がロンドンで客死して摂政だったシャルル王太子がシャルル五世として王位に就きます。シャルル五世についてはいくつか書くことがあります。

フランスの王太子のことをドーファン（Dauphin）と言いますが、その称号を最初に用いたのがこのシャルルでした。グルノーブルを中心とするドーフィネ地方は神聖ローマ帝国の所領でしたが、そこを治めていたドーフィネ伯アンベール二世は税収がほとんどなく、破産寸前になって、領地を売ろうとしました。しかし、皇帝も教皇も関心を示さなかったので、フィリップ六世が買うことになりました。

最初は長子のジャン二世の所領となるはずだったのですが、結果としてジャン二世の長子シャルルの所領となり、以後、フランスの王太子のことをその地方名からとった名詞で「ドーファン」と呼ぶようになりました。英国皇太子を所領地の名前から「プリンス・オブ・ウェールズ」と呼ぶようなものです。ドーフィネ地方にはローヌ川の一部も含まれていて、教皇庁のあったアヴィニョンへも河川交通を介して頻繁に往復できましたし、地中海とヨーロッパ北部の通商も容易になり、フランスにとってはたいへん有利な「買い物」となったわけです。

祖父王と父王がイングランドに敗れた結果失った制海権や領地をしだいに取り戻したのもシャルル五世でした。父が結んだ不利な条約を撤回させ、新たな条約を結ぶなど、失地回復に努めました。

戦争に必要な資金を得るために、税制度を設け、常設の軍隊をつくり、官僚制度を整えることによって、のちの絶対王制の基礎を築きました。貨幣の貴金属含有率を高めることが通貨の信頼性を増すと考えたのもシャルルでした。世俗の事柄については国王の権限を教会の権限に優先させるという主義を「ガリカニスム」(ガリア主義)と言いますが、シャルル七世の時代に決定的になるその主張を押し出したのがシャルル五世だと言われています。

読書を好む教養人だったシャルル五世は、アリストテレスやアウグスチヌスを仏訳させたり、フランス王室の紋章である百合の花のデザインを変えたりしました。

五世の後を継いだシャルル六世は若い頃から精神的な病を抱えていて、長い治世ではありましたが、実質的には宮廷内の覇権争いとそこにつけ込んだ英国王ヘンリー五世にフランス国王の座を奪われかねない事態を招来しました。

ヘンリー五世はフランス各地で連戦連勝。果てはシャルル六世の娘のカトリーヌと結婚。六世の死後は自らがフランス王になるという約束をさせました。国王就任はその死によって実現しませんでしたが、カトリーヌとの間に生まれた英国王ヘンリー六世は一四二〇年のトロワ条約によって、シャルル六世の死後、もう一人のフランス国王として、フランス北部を支配しました。ロワール以南を支配した次のシャルル七世が英国を打ち負かし、領土の大半を取り戻して百年戦争が終結した一四五三年まで、ヘンリー六世はシャルル七世とともに、フランス国王の座を占めていたことになります。

シャルル七世と言えば、ジャンヌ・ダルクを思い出す方も多いのではないでしょうか。

6　百年戦争　ジャンヌ・ダルクの登場

苦境の時期

ボルドーを中心とするアキテーヌ地方とガスコーニュ、そして織物産業が盛んなフランドルの支配を目指すフランスと、スコットランドやウェールズを含むブリテンの支配を優先しつつも虎視《こし》眈々《たんたん》とフランス支配を狙うイングランドは、歴史的に影響力が強い大陸南西部での覇権をめぐって対立を続けてきました。

そうした対立の果てに百年戦争が勃発《ぼっぱつ》したのですが、そもそもの火種は、スコットランドから亡命してきた国王をフランスがかくまい、フランスから追われた亡命貴族をイングランドが保護したという点にありました。どんな戦争でもそうでしょうが、そこにさまざまな要因が絡み合って、間歇的《かんけつてき》な休戦を挟んでいるとはいえ、百年以上も続く戦争に突入していったのです。戦争の舞台はほとんどがフランスで、各地で繰り広げられる戦闘がフランスの国土を荒らしてゆきました。

何しろ百年を超えるほど長い期間にわたった戦争ですから、歴史的な戦いと言われるものはいくつもありました。それを紙数の限られたなかで逐一記すことは控えます。ただ、その期間に何があったかをいくつか書けば、何度もペストが猖獗をきわめ、国王は五人を数え、市壁が拡大され、対外貿易もままならず、深刻な経済危機に見舞われただけでなく、度重なる饑饉《ききん》と厳寒のためパリ周辺には狼も出没するといったように、いつ終わるとも知れぬ戦争に加えて、さまざまな苦患《くげん》に蔽われた日常だったのです。人々にとって明日に希望を持てないひどく苦しい毎日だったに違いありません。

ジャンヌ・ダルクのパリ

百年戦争の最初は英国が優位に戦いを進めました。数次にわたる英国の攻撃にさらされ、敗色濃厚のなか、忽然と現れた少女。それがジャンヌ・ダルク（一四一二／一二〜一四三一年）でした。ジャンヌの主たる活躍の舞台はパリではありませんでしたが、百年戦争が最終的にはフランスの失地回復という結果に終わったことを考えれば、英国側の優勢を覆すきっかけを作ったジャンヌ・ダルクについて触れないわけにはいかないでしょう。

ジャンヌ・ダルクはドイツに近いロレーヌ地方の小村ドンレミに生まれました。読み書きもろくにできなかったとはいえ、信仰の篤い少女で、十二歳の頃、「王太子（のちのシャルル七世）を助けて英国に奪われたフランスの領土を取り返せ」という「神の声」に導かれて立ち上がります。予言を的中させ、当時王太子シャルルが拠点にしていたロワール川沿いのシノン城に会いに行き、未見の王太子を見分けて、信頼を勝ち得ることになりました。

ジャンヌは槍小隊を率いて果敢に戦い、オルレアンの戦いで劇的な勝利を収めます。兵士たちはジャンヌを勇猛な指揮官と仰いで従い、戦況はフランスに有利に傾いてきます。

フランス軍は次々と占領されていた都市を解放し、一四二九年七月、ついにランスに入城。当地のノートルダム大聖堂で戴冠式が挙行され、シャルル七世が正式にフランス国王となります。ジャンヌの率いるフランス軍は英国と通じたブルゴーニュ公国との和平交渉が決裂したため、英国とブルゴーニュ公国が支配していたパリへ進軍します。

九月八日、フランス軍によるパリ攻撃が始まりました。現代のパリで辿《たど》ってみましょう。

聖ジャンヌ・ダルク教会前に立つジャンヌ・ダルクの彫像（K）。

メトロ一号線のルーヴル・リヴォリ駅のすぐ近く、サン・トノレ通りとオラトワール通りが交差するあたりに経済の要衝だったサン・トノレの第一の城門が、ルーヴル美術館のガラスのピラミッドを右手に見て、建物をくぐってオペラ座方面に向かうロアン通りとサン・トノレ通りが交差するところに、第二の城門がありました。ジャンヌ・ダルクが攻め落とそうとしたのが第二門でした。

当時、城壁の周囲には空堀と水堀があり、槍で深さを測ろうとしていたジャンヌの腿《もも》に、パリ側が放った矢が刺さり、撤退を余儀なくされます。彼女は戦闘の継続を願いましたが、四時間あまりの戦いののち、シャルル七世は全軍に撤退を命じます。ジャンヌはやむなく、前夜も祈りを捧げたパリ北郊のラ・シャペル村のサン・ドニ・ド・ラ・シャペル教会に戻って神に祈ります。今ではパリ十八区、メトロ十二号線の始発終着駅ポルト・ド・ラ・シャペル駅の隣駅マルクス・ドルモワ駅にほど近いラ・シャペル通り十六番地にある教会です。第一次大戦開始直後、その左隣の十八番地に聖ジャンヌ・ダルク教会が建てられ、彫像が入り口に飾られています。

その通りを五キロメートルほど北上すると、郊外になってしまいますがフランス歴代の王墓のあるサン・ドニ大聖堂に行き着きます。

愛国の象徴に

ジャンヌ・ダルクはパリ市民からすると敵側の女戦士ということで、評判は良くありませんでした。ブルゴーニュ公の軍に捕らえられ、英国側に引き渡されてから異端審問の末に火刑になったのはノルマンディーの主都だったルーアンでしたが、審問に影響を与えたのはパリ大学神学部の判断でした。パリとはその点からしてもあまり良い関係ではなかったジャンヌ・ダルクですが、今ではパリ市内に四つの彫像があります。

刑死の二十五年後の一四五六年に無罪判決となり、殉教者として認められました。それからしばらくは忘却の淵に沈みかけていましたが、十九世紀の初め、皇帝となったナポレオンがフランスを守った英雄として称賛。再評価の波が一気に巻き起こり、裁判記録を基にした伝記や研究書が出版されます。

普仏戦争のときも、ジャンヌ・ダルクは愛国の象徴として祭り上げられ、そうしたうねりのなかで、一八九四年には尊者《そんじゃ》とされ、一九〇九年には福者、一九二〇年にはついに列聖されました。ただ、ジャンヌの詳しい生涯や証言が正確な解読とともに明らかになってきたのは、一九六〇年代以降で、きちんとした研究はまだ緒に就いて間もないと言ったほうがいい状況です。

ジャンヌ・ダルクが死んでも戦争は続きましたが、一四三五年のアラスの和約を経て、パリを奪回し、一四三七年パリを首都と定めたシャルル七世は、戦いを有利に進め、一四五三年、ボルドーでの勝利で百年戦争は終結しました。しかし、パリは戦争や飢餓やペストや厳寒で多くの犠牲者を出し、荒廃した町になりました。シャルル七世は一四六一年に世を去りました。

7　フランソワ一世とコレージュ・ド・フランス

絶対王制の時代

　百年戦争後のフランスを立て直し、絶対王制の基礎を築いたのはヴァロワ朝第六代国王ルイ十一世（一四二三〜八三年）でした。しかし彼は、パリではなく、トゥール附近に政治の中心地を定めます。その息子第七代国王シャルル八世（一四七〇〜九八年）はイタリア戦争を始めた国王ですが、妃のアンヌ・ド・ブルターニュ（一四七七〜一五一四年）との間に生まれた男子はみな早逝したので、オルレアン家出身のルイ十二世（一四六二〜一五一五年）がヴァロワ朝第八代国王を継ぎました。

　ルイ十二世は先王妃で王太后のアンヌと結婚。二人の間に生まれた長女のクロードの結婚相手が、ヴァロワ朝第九代国王となるアングレーム家出身のフランソワ一世（一四九四〜一五四七年）です。これらの王は継続的に首都パリに住んだわけではなく、ロワール川沿いに建てた城を居城としました。シャルル八世以降、イタリアとの争いが続きますが、フランソワ一世もイタリア支配を巡って神聖ローマ帝国皇帝カール五世と争うことになります。現代ではフランスのルネサンス文化の発展に多大の貢献をしたと言われるフランソワ一世ですが、それはイタリアから移ったレオナルド・ダ・ヴィンチを自らの居城ロワール川沿いのアンボワーズ城に隣接するクロ・リュセ城に住まわせ、イタリア・ルネサンスがフランスに移入するきっかけを作ったことに起因しています。ただ、フランスと神聖ローマ帝国という二大カトリック勢力が争ったことは、新教の普及とイスラムの支配する地域を増やす結果をもたらしました。ルター（一四八三〜一五四六年）やカルヴァン（一五〇九〜六四年）らの宗教改革はフランソワ一世の時代に重なります。

余談を一つ挟みます。

マルセル・プルースト『失われた時を求めて』の有名な冒頭ではこんなかたちで触れられています。この言及はもしかすると、語り手の屈折したイタリアへの思いとカトリックへの感情を暗に示しているのかも知れません。

長い間、私はまだ早い時間から床に就いた。ときどき、蠟燭が消えたか消えぬうちに「ああこれで眠るんだ」と思う間もなく急に瞼《まぶた》がふさがってしまうこともあった。そして、半時もすると今度は、眠らなければという考えが私の目を覚まさせる。私はまだ手に持っていると思っていた書物を置き、蠟燭を吹き消そうとする。眠りながらも私はいましがた読んだばかりの書物のテーマについてあれこれ思いをめぐらすことは続けていたのだ。ただ、その思いはすこし奇妙な形をとっていて、本に書かれていたもの、たとえば教会や四重奏曲やフランソワ一世とカール五世の抗争そのものが私自身と一体化してしまったような気がするのである。

クロ・リュセ城はシャルル八世の妃時代にアンヌ・ド・ブルターニュや、フランソワ一世の姉でコント集『エプタメロン（七日物語）』を書いたマルグリット・ド・ナヴァールが住んだ城で、アンボワーズ城とは地下道で繫がっていたので、フランソワ一世はレオナルドと頻繁に会っていたと考えられます。

レオナルドはアンボワーズ城に隣接する教会堂に葬られました。フランソワ一世はブロワ城とアンボワーズ城を主たる居城にしていましたが、狩猟の際に使っていたのが、ロワール川沿いに建つ城のなかで最大のシャンボール城でした。フランソワ一世はレオナルド・ダ・ヴィンチに設計を手伝わせ、イタリア風の典雅な城館に仕上げます。王の死後は打ち捨てられて、荒れ放題になりましたが、ルイ十三世の弟やルイ十四世、ルイ十五世が使うようになって修復されました。

パリを正式な住居に

そのように、ロワール川沿いの城を好んで使用したフランソワ一世でしたが、人口約二十五万人に増加していたパリの果たす役割は認識していて、即位（一五一五年）の十三年後、パリを正式な住居と定めました。もっとも、パリ市内よりパリ近郊に建てたフォンテーヌブロー宮殿のほうが気に入っていたようで、フランソワ一世ののちの王たちだけでなく、ナポレオン一世や三世もこのフランス最大の宮殿を誇りに感じていたようです。フォンテーヌブロー派と言われる新しい彫刻と絵画の流派の藝術家たちも輩出しました。ルーヴル美術館所蔵のエロチックな作品「ガブリエル・デストレとその妹ヴィラール公爵夫人」（作者不明）をご存じの方も多いのではないでしょうか。

「ガブリエル・デストレとその妹ヴィラール公爵夫人」（T）。

　パリを公式の住居としたフランソワ一世は、パリに関係するもうひとつの大きな業績を挙げました。それは、カルチエ・ラタンにコレージュ・ド・フランスを創始したことです。最初はコレージュ・ロワイヤル、「国王の教授団」と命名されましたが、パリ大学で講座のなかったヘブライ語とギリシア語と数学を教えるようにしたのです。その後は名前も数通り変わっただ

コレージュ・ド・フランス入り口（K）。

けではなくて、教える科目も増えたのですが、聴講無料で一般に開放され、試験もないというのはいまだに変わりません。

フランス学士院とコレージュ・ド・フランスの教授団から任命される教授陣は斯界《しかい》の最高権威とされ、自由な研究を保証されています。順不同で列挙すれば、シャンポリオン、ポール・ヴァレリー、ロラン・バルト、ジェラール・ジュネット、アントワーヌ・コンパニョン、アンリ・ベルクソン、モーリス・メルロ・ポンティ、ミシェル・フーコー、クロード・レヴィ・ストロース、フェルナン・ブローデル、ピエール・ブーレーズといった錚々《そうそう》たる顔ぶれが教えています。

日本人では加藤周一《かとうしゅういち》と高階秀爾《たかしなしゅうじ》が招聘《しょうへい》教授として講壇に立ちました。最近では杉本文楽で知られる写真家杉本博司《すぎもとひろし》の講演会もありました。政務の中心をパリにしなかったフランソワ一世はコレージュ・ド・フランスを作ったことで、パリを文化的な中心都市としたのでした。コレージュ・ド・フランスはソルボンヌ大学とサン・ジャック通りを隔てて隣接した場所にあります。

8　ユグノー戦争　聖バルテルミーの虐殺

内戦状態

百年戦争が終わって百年あまりしてユグノー戦争（一五六二〜九八年）が勃発します。ユグノーというのは、カトリック側が新教徒に対して用いた蔑称で、一般には「宗教戦争」と呼ばれます。ルターによってキリスト教の改革が唱えられて以後、フランスではカルヴァンが『キリスト教綱要』（一五三六年）を出版し、新旧両派の対立がいっそう顕著になります。一五五九年にはパリで第一回全国改革派教会会議が開かれますが、その年、アンリ二世が歿《ぼっ》し、フランソワ二世が即位します。

フランソワ二世の外戚《がいせき》が旧教の中心的存在であるギーズ家だったために、政権内ではカトリック側が権勢をふるいます。それに対抗するべく、ブルボン家は新教の側に立つことになり、宗教上の争いは一気に政治的な様相を呈します。一五六二年、シャンパーニュ地方の村ヴァシーで礼拝に集まっていた新教徒たちがギーズ公配下の者たちの手で虐殺されます。それがユグノー戦争の発端でした。

以後、和議と争いを繰り返しながら、八次に及ぶ戦争状態が続きました。旧教側はギーズ家の後ろ盾を得た国王、新教側は王と敵対するブルボン家という枠組みだけではなく、ローマ教会とスペインはカトリック側を、イングランドのエリザベス女王とドイツはプロテスタント側を支援していたことからしますと、旧貴族と新興貴族の対立、国家間の対立も含んだ複雑な戦争だったと言えます。

とくにエリザベス女王と条約を結んだ新教徒側は支援の見返りにルーアン、ル・アーヴル、ディエップを英国に引き渡す約束をします。今回の戦争の主戦場はルーアンやオルレアンでした。フランソワ二世は一五六〇年、脳炎で十六歳で死去。急遽後を継いだ弟のシャルル九世はまだ十歳だったので、母親のカトリーヌ・ド・メディシスが摂政となります。シャルル九世はプロテスタントのコリニー提督を父のように慕っていましたが建前はカトリックで、両派の融和のために摂政カトリーヌ・ド・メディシスが編み出した案が、ユグノー派の指導者ナヴァラ王アンリ（一五五三〜一六一〇年）とシャルル九世の妹マルグリットとの結婚でした。

マルグリットに焦点を合わせた小説があります。アレクサンドル・デュマ・ペールの『王妃マルゴ』です。それを原作にしたパトリス・シェロー監督の映画も高く評価されま

聖バルテルミーの虐殺（同時代の版画より）。

した。二人の婚礼は一五七二年八月十七日に執り行われましたが、祝福のためにコリニー提督をはじめ多くの新教徒たちがパリに集まっていました。八月二十四日の聖バルテルミーの日の夜明け前、ルーヴル近くのサン・ジェルマン・ロクセロワ教会の祈禱の声を合図にカトリックによるプロテスタント虐殺が始まりました。コリニー提督が殺され、各所で殺戮が行われました。一説によれば数千人が殺されたと言います。

新教徒アンリ、フランス王に

二年後シャルル九世が死去。アンリ三世が即位しますが、ギーズ家を中心とする過激なカトリック（カトリック同盟）、暴君放伐論を展開する過激なプロテスタント、宗教上の寛容と国家の安定を企図する穏健派（ポリティーク）の三勢力に分かれて勢力争いが続きました。それはシャルル九世の弟の国王アンリ三世、カトリックのギーズ公アンリ、新教徒のナヴァラ王アンリという「三アンリの争い」の時代でもありました。最初の二人が暗殺されると、一五八九年、ナヴァラ王アンリが新国王に即位しました。アンリは聖バルテルミーの虐殺のときは宮廷に軟禁され、カトリックに改宗しますが、脱出後はプロテスタントに戻っていました。

ところで当時、フランス国王はカトリックという条件がありました。安定した王権を保持するためにアンリは一五九三年にサン・ドニ教会でカトリックに改宗し、正式なフランス国王となり、一五九四年に、シャルトルで聖別を受け、パリ入城を果たしました。

一五九八年、アンリ四世はナントの勅令を出します。これはフランスの国教はカトリックと定めつつ、一定の制限のもとにプロテスタントの信仰を尊重するというもので、ここにユグノー戦争は終焉《しゅうえん》を迎えることになりました。

妻のマルグリットとは別居していて、一五九九年には正式に離婚。翌年マリー・ド・メディシスと再婚し、のちのルイ十三世が誕生します。ブルボン朝の始まりです。

9　アンリ四世　ブルボン朝

ポン・ヌフを造る

アンリ四世は長く続いた内戦に終止符を打ち、スペインとの和平条約を結びます。内政では宰相シュリー（シュリーは現在、ルーヴル美術館の三つの区分け〈翼〉のひとつの名前になっていて、シュリー翼にはミロのヴィーナスや古代エジプトの書記座像などが展示されています）の提言に従い、重農主義に近い政策を遂行。官職の売買を認め、ブルジョワジーが主として司法官となって王権の確立を支える道を作りました。いわゆる法服貴族、血筋による「武家貴族」

下から見たポン・ヌフ（T）。

ではなく、買官によって司法職の地位を手に入れたブルジョワジーに爵位を与えたことからそう呼ばれるようになった、血筋によらない上流階級の誕生です。

　パリに絞って言えば、アンリ四世はさらに三つの点で忘れることはできません。ひとつは一五七八年にアンリ三世が着手したポンヌフ（給水塔附き）を、一六〇七年に完成させたことです。シテ島の西端を横切っている橋です。「新しい橋」を意味するこの橋は現在ではセーヌ川に架かる最古の橋になりました。

　左岸から右岸まで渡ることの出来るパリで最初の石造りの橋で、それまでの橋の上にしばしば置かれた住居や店舗を排し、通行専用になった橋として、泥濘《ぬかるみ》や馬車に妨げられずに歩くことの出来る舗道が両側についていました。堅牢な造りで、そのせいか、「ポン・ヌフのように頑健だ」という熟語も生まれました。

　ルノワールやピサロといった画家やブラッサイなどの写真家にもインスピレーションを与えた橋ですが、レオス・カラックスの一九九一年の映画『ポン・ヌフの恋人たち』を思い出される方もいらっしゃるかも知れません。左岸側からシテ島に渡り、シテ島を渡りきる直前のところにアンリ四世の騎馬像があります。そこからシテ島の川沿いに降りると、「ヴデット・デュ・ポン・ヌフ」という、バトー・ムーシュと同じようなセーヌ川観光船の乗船場があります。

ドーフィーヌ広場。いつ行っても静かな佇まいの公園です（T）。

もうひとつ、この時代で忘れてはならない広場の入り口が、アンリ四世の像から見て東側にあります。アンリ四世の命で整備されたドーフィーヌ広場という小さな三角形の美しい公園です。パリの中心部とは思われないほど静かで、喧噪や人混みとは無縁の場所です。

こちらは正方形の、バスチーユ広場に程近いヴォージュ広場（旧ロワイヤル広場）もアンリ四世の指示で作られました。パリ最古の広場です。完成は王の死後でしたが、広場を取り囲む館のひとつは書翰《しょかん》文学で知られたセヴィニェ夫人の生家であり、もうひとつは現在ヴィクトル・ユーゴー記念館になっているユーゴーの旧居です。ヴォージュ広場の中央に立っているのがルイ十三世の彫像ですが、一六三九年に制作されたものはフランス革命のときに破壊されたので、その後、一八二五年に新たな像が立てられました。

　三つめは、病院の改善です。以前あった大病院を再建して、市民の衛生面の向上を図りました。

「サマリテーヌ」

　さて、ポン・ヌフを渡って右岸に出たところに、一八七〇年創業のデパート「サマリテーヌ」がありました。屋上にカフェがあり、そこから見るセーヌ川やシテ島の眺めは素晴らしいものだったのですけれど、惜しくも二〇〇五年に閉店してしまいました。防火基準に達していなかったことが閉店の理由ですが、二〇二〇年にはホテルや有名店舗やレストランなどが入った複合施設として再開されるとのことです。

「サマリテーヌ」というデパートの名前はポン・ヌフの右岸から見て右側二つ目の半円形の出っ張りの横に作られた給水塔「ポンプ・ド・ラ・サマリテーヌ」から取られました。

　サマリテーヌとは「サマリアの女」の意味で、命名の由来は、新約聖書「ヨハネによる福音書」第四章最初に出て来るイエスと水汲《く》みに来たサマリアの女のエピソードを主題と

ポン・ヌフの右側に大きな建物がありますが、それが給水塔です。ニコラ・ラグネの作品。

した彫刻が給水塔の前面に彫られていたことによります。塔内には設計者や何人かの人々が住んでいました。塔からルーヴル宮やチュイルリー宮に水を供給していましたが一七九一年、ルイ十六世の命で廃止され、しばらくは国民衛兵の詰め所として使われたあと、一八一三年に取り壊されました。残ったのは鐘一つで、それは現在、サン・トゥスタッシュ教会に置かれています。

アンリ四世の死とルイ十三世

アンリ四世には、フォンテーヌブロー派の絵画のときに名前を出したガブリエル・デストレをはじめ、あまたの愛妾《あいしょう》がいました。「ヴェール・ガラン」と綽名《あだな》されていたのも宜《むべ》なるかな。ガランはすぐに女に夢中になる男、ヴェール「緑の」は、年甲斐もなく若い男のように振る舞うという意味で、好色な老人の代名詞になりました。

一六一〇年五月十三日、領土拡大を目指す神聖ローマ帝国との戦いに出発すべく、妃のマリー・ド・メディシスを聖別させ、まだ九歳だった息子の摂政職を託しますが、翌日、狂信的なカトリックのラヴァイヤックに刺殺されてしまいました。いまのシャトレ・レ・アールのすぐ南の、フェロヌリー通り八番地と十番地の前あたりで、地面にはプレートが嵌め込まれています。左に三つの百合の紋章、右に十字とX形を配した紋章が描かれ、それぞれフランス国王とナヴァラ王だったアンリ四世を表しています。暗殺犯のラヴァイヤックは、同月二十七日、当時の処刑場だったグレーヴ広場（いまの市庁舎前広場）で、四つ裂きの刑に処されました。

アンリ四世は七月一日にサン・ドニ教会に葬られました。それに先だって五月十五日、息子のルイが十三世を名乗って国王になりますが、まだ子どもだったため、母親のマリー・ド・メディシスが摂政となりました。ルイ十六世を経て王政復古のシャルル十世まで王位にあったブルボン朝の基礎が出来上がったわけです。

十三歳で息子が成人するまでのあいだその補佐として政務をすることとなったアンリ四世の妃マリー・ド・メディシスでしたが、順風満帆とは行きませんでした。夫が重用した者たちを遠ざけ、夫の方針に反してカトリックを特別に擁護し、夫が警戒していたハプスブルク家と姻戚になるというふうな政治を続けるうちに、成人した息子のルイ十三世の反撥を受けることになりました。やがてルイは母を遠ざけ、一六二四年にはリシュリュー枢《すう》機卿《ききよう》を宰相に任命します。以後、一六四二年にリシュリューが死ぬまで、ともにフランスを統治することになります。

その間、マリー・ド・メディシスは息子のルイ十三世に対するクーデターに失敗するなどし、ブロワ城に幽閉されたあと、結局は一六四二年、ケルンで世を去りました。マリー・ド・メディシスの仕事の中で特筆すべきはリュクサンブール宮殿の造営です。その折、マリー自身がルーベンスに依頼した二十四枚の連作「マリー・ド・メディシスの生涯」はルーヴル美術館に展示されています。それ以外にもマリーは多くの藝術家たちを庇護し、教会や修道院に飾る絵や彫刻を作らせました。

この時代に建てられて今もパリの魅力を形作っている建物に、ルーヴル美術館の北隣に位置するパレ・ロワイヤルがあります。もともとリシュリューが自分の邸宅として建てた館でしたが、その死後、ルイ十三世に遺贈され、その息子のルイ十四世が住むに至って「王宮」と呼ばれるようになりました。数次の改築がなされたため、創建当初とは違っているところもありますが、コメディー・フランセーズやフランス文化省が入っています。中庭には誰でも入ることが出来ますし、現代アートが設置されていることでも楽しい庭園

ノートルダム大聖堂の古い版画。先だって焼け落ちた尖塔（flèche）がまだないことにご注目。セーヌ川では女性たちが洗濯をしています。

になっています。

あとひとつつけ足しておけば、一六二二年にパリはサンスの大司教座の支配から離れて、司教座から大司教座へと昇格しました。司教座や大司教座は、もともとは教会で司教や大司教が座る椅子のことですが、それを備えた教会がカテドラル（大聖堂）です。それぞれの司教座ないし大司教座はひとつの大聖堂しか関わらないので、二〇一九年の四月に火災に遭ったノートルダム大聖堂は、パリ大司教座の管轄する唯一の教会ということになります。修復までの間、代理として大司教座の重要な役割を果たすのはオデオン座近くのサン・シュルピス教会だということです。二〇一九年九月、シラク元大統領の国葬もサン・シュルピス教会で行われました。ちなみに、サン・ドニ教会は「バジリッ

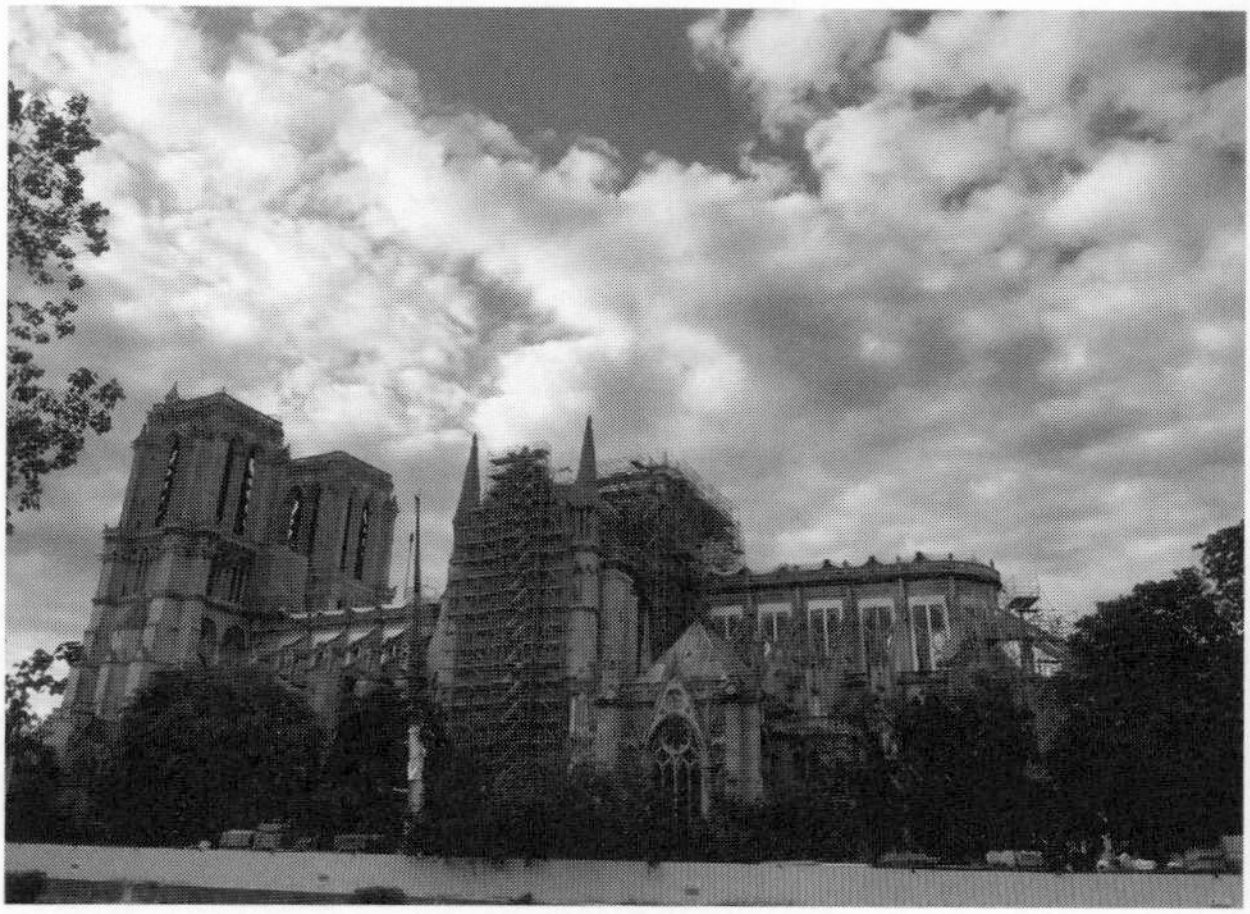

火災後、再建中のノートルダム大聖堂。2019年7月。（K）。

ク」と言われるもので、ローマ教皇より特権を与えられた教会です。モンマルトルの丘の上に立つサクレ・クール教会や、南仏ルルドにある教会もバジリックです。

リシュリューが他界して半年もしないうちにルイ十三世も世を去ります。一六四三年五月のことでした。後を継いだのがまだ四歳だったルイ十四世（一六三八〜一七一五年）です。ルイ十三世はフォンテーヌブロー宮殿で生まれ、サンジェルマン・アン・レの館で息を引き取りましたが、ルイ十四世はサンジェルマン・アン・レで生まれ、ヴェルサイユ宮殿で世を去りました。サンジェルマン・アン・レは、RER《エール・ウー・エール》（イル・ド・フランス地域圏急行鉄道網）A1線の終点で、ドビュッシー記念館もある美しい町です。

10　ルイ十四世とフロンドの乱

王権の勝利へ

「太陽王」と言われた王、「朕は国家なり（L'État, c'est moi）」の言葉で知られる絶対君主。それがルイ十四世です。在位は一六四三年から一七一五年に及びます。神聖ローマ帝国を中心としたカトリックとプロテスタントの宗教戦争であるとともに、ブルボン家とハプスブルク家を軸とした覇権争いの様相も呈した、いわゆる三十年戦争（一六一八～四八年）の時代に王位に就きました。幼くして即位したため、母后のアンヌ・ドートリッシュが摂政となり、宰相にマザラン枢機卿を据えました。

マザランはリシュリューの路線を引き継ぎ、貴族勢力を退けて王権の強化に努めると同時に、戦費負担を国民に押しつけたことから、旧来の貴族や高等法院周辺の法服貴族や官僚、さらには民衆の反感を招き、一六四八年以降、高等法院の旗振りのもと、マザランに対する抗議運動が高まります。それをフロンドの乱といいます。

フロンド、というのは本来「投石器」の意味で、人々がマザラン邸に石を放ったことから来た命名だという説もあれば、子どもが路上でする石投げ遊びに由来する（つまり、それくらい他愛ない反抗）という説もありますし、それぞれの戦いの局面についても解釈が分かれるほどです。

プルースト『失われた時を求めて』のサロンの常連にはフロンドの乱の専門家がいますが、それもこうした事情を知れば面白いのではないでしょうか。また、デュマ・ペールの小説『ダルタニャン物語』第二部は、ちょうどこの時代を描いていて、ダルタニャンとポルトスは国王側、アトスとアラミスは叛乱《はんらん》側に立ちます。第三部では、ルイ十四世の双子の弟が「鉄仮面」だということが明らかにされます。そうした趣向はさすがデュマ・ペールならではだと思います。

フロンドの乱は最初の、高等法院主導のパリの叛乱と、後期の、地方と首都の対立軸を内包した貴族たちの叛乱という二つの要素から成り立っています。幼いルイはパリを離れ、各地を転々とし、ついにはサンジェルマン・アン・レに逃れます。とくにパリでは、王宮の寝室まで叛徒が入り込んできたこともあり、後年のヴェルサイユ宮殿の造営には、そうした幼児期の体験が影響しているという説もあります。一六五二年に国王側が優勢になると、ルイ十四世はパリに帰還。翌年、叛乱は鎮圧されました。この結果、貴族勢力が弱体化し、ルイ十四世が高等法院や貴族が表舞台に立つのを嫌ったこともあって、王権はいっそう鞏固《きょうこ》になりました。

栄光とその影

ルイ十四世時代については、それを「大世紀」と呼んだヴォルテールの『ルイ十四世の世紀』と、ルイ十四世を並以下の知性と断じ、ナントの勅令の廃止を「愚策」と批判したサン・シモン公爵の『回想録』がよく知られています。サン・シモンの『回想録』はプルーストの愛読書で、作品中でも重要な役割を与えられています。

一六六一年、マザランが世を去ると、ルイ十四世は親政を始めます。財務総監としてコルベールを抜擢《ばってき》して、国内的には疲弊した財政を再建し中央集権化と重商主義を図り、対外的には領土拡大政策を掲げ、何度も戦争を行いました。コルベールは、ＲＥＲのＢ４線のシテ・ユニヴェルシテール駅から三つ目のパルク・ド・ソー駅近くにある「ソー(Sceaux)公園」と関係があります。ソー公園はもともとコルベールの命でル・ノートルが設計した庭園で、コルベールの館と美しい泉水と幾何学的な庭園がすばらしく、花咲く頃に散策するには絶好の場所です。ちなみに、キュリー夫妻はソーで結婚式を挙げて、そこで暮らしましたし、俳優のアラン・ドロンもソーの生まれでした。コルベールはセーヌ沿岸のジャルダン・デ・プラント(パリ植物園)を整備したことでも知られています。

王権神授説を信奉していたルイ十四世のもとで、コルベールが力を発揮したこともあって、絶対君主制が確立され、その権力を背景に、七十二年に及んだ治世には数え切れないほど多くの出来事がありました。以下に挙げるのはそのなかのいくつかに過ぎません。

たとえば、一六八五年のナントの勅令の廃止です。

国家のあるべき姿として、「唯一の君主、唯一の法、唯一の宗教」を掲げていたルイ十四世からすると、カトリック以外の宗教を認めることはできませんでした。それがユグノー教徒の弾圧と結びつき、プロテスタントにも一定の信仰の自由を認めたナントの勅令の廃止へと繋がっていきました。

当然のことに、フランス国内はもとより、諸外国からも反撥を招きます。国内では、一七〇二年、南仏のセヴェンヌの町でユグノー教徒が叛乱を起こします。いわゆる「カミザールの叛乱」です。大規模な戦闘のあとも、小競り合いが続き、最終的な和平に至ったのは一七一五年のことでした。

対外的には、オランダや英国、神聖ローマ帝国、ハプスブルク帝国、スペイン王国などとフランスが争う大同盟戦争（アウクスブルク同盟戦争、プファルツ継承戦争、九年戦争とも言います）が勃発します。一六八八年から一六九七年の、フランスに不利な和睦まで続きました。絶対君主を自任したルイ十四世の威光に翳りが見え始めた結末でした。

しかしながら、下り坂はまだ続きます。スペイン王国の次期国王を巡って、フランスとハプスブルク家と英王室の争いが起こり、ルイ十四世の孫のアンジュー公フィリップがスペイン王フェリペ五世として即位したのです。各国それぞれの思惑が複雑に絡み合う中、一七〇一年、戦争の火蓋《ひぶた》が切られます。十三年も続いた戦争ですが、最後は和約が結ばれて、フェリペ五世はフランス王の継承権を放棄しました。途中で饑饉もあり、フランスには苦しい戦争でした。

「太陽王」と言われたルイ十四世の治世の最後は失意のうちに終わりました。ルイ十四世の治世は世界の王室の中で最長の統治期間になりますが、その多くが戦争に費やされたのも事実でした。

現代フランスの基礎を作った時代

ルイ十四世は藝術を愛し、パトロンぶりを発揮しましたが、とくに演劇やバレエには情熱を注ぎました。メヌエットという舞曲もルイ十四世が好んだと言われています。そもそも「太陽王」という綽名がついたのは、あるとき太陽に扮して踊ったからだという説もあるくらいです。

危険で衛生的にも問題のあるパリが好きになれず、森と湖水を愛したルイ十四世が、先王の狩りのための館を庭園ごと大改造したのがヴェルサイユ宮殿でした。一六六一年から改築を始め、何度もやり直しを命じながら、とりあえずの完成を見たのが一六八二年でした。それまでの王たちはそこかしこの宮殿を渡り歩く「移動宮廷」で統治していましたが、八二年以降、すべての政治の中枢がヴェルサイユ宮殿に移ります。ただ、マリー・アントワネットが愛したプチ・トリアノンやアモー（農村）はフランス革命の少し前の造営であり、最終的に今の形になったのは、十九世紀前半のルイ・フィリップの時代でした。

それ以外にルイ十四世が作った主なものは、フランス南部でトゥールーズと地中海を結ぶ、二百四十キロメートルにも及ぶミディ運河、パリではいくつかの大病院と、戦勝記念に建てられたサン・ドニ門とサン・マルタン門、今ではナポレオンの棺が収められている国家に功績のあった兵士のための施設「アンヴァリッド（廃兵院）」、それに、アカデミー・フランセーズでした。戦争も多く、人々に重税を課したということでは批判すべき点が少なくなかったとはいえ、現代のフランスの基礎を作り、ヨーロッパに君臨する体制を整えたのはこの時代でした。

そしてルイ十五世の治世がやって来ます。

ルイ十四世とルイ十五世を結ぶ線についてここで簡単に説明しておきましょう。ルイ十四世の長男大王太子《グラン・ドーファン》ルイが次の国王になるはずでしたが、一七一一年、父親より先に世を去ります。大王太子ルイの長男の小王太子《プチ・ドーファン》ルイが次の継承者でしたが、やはり一七一二年に二十九歳で死去。次男のフィリップは先ほど申し上げたように、スペイン王フェリペ五世として、フランス王位継承権を放棄しました。一七一五年九月一日にルイ十四世が世を去ったとき、もっとも近い継承者は、小王太子の三男のルイ（一七一〇～七四年。在位は一七一五年から）でした。つまり、わずか五歳で即位したルイ十五世は十四世の曾孫ということになります。

11　ルイ十五世とパンテオン

雅びな時代

ルイ十五世はヴェルサイユ宮殿で生まれ、ヴェルサイユ宮殿で他界しました。最愛王と呼ばれました。幼かったのでルイ十四世の甥のオルレアン公フィリップが摂政となります。一七二五年、元ポーランド王女のマリー・レクザンスカと結婚。マリーはルイとの間に二男八女を産みます。長男の王太子ルイ・フェルディナンは父王より早く世を去ったため王位に就くことはありませんでしたが、その子どもは長じてのち、ルイ十六世、ルイ十八世、シャルル十世となりました。

若い頃のルイ十五世を宰相役として実質的に補佐したのは枢機卿フルーリー（一六五三〜一七四三年）でした。そもそもルイ十四世から十五世の教育を任されていたフルーリーは、十五世の全幅の信頼を得ていたばかりでなく、政治家として大いなる力量を発揮。フランスを繁栄に導く原動力となりました。フルーリーが活躍した一七二六年から四三年までの期間は「修復の時代」と呼ばれています。フルーリー歿後、実際に宮廷で権勢をふるったのは、公妾《メトレス・ロワイヤル》のポンパドゥール夫人やデュ・バリー夫人でした。

公妾とは、国王の愛人として公式に認められた女性たちで、厚遇を得ていましたが、公妾が産んだ子どもは王位を継ぐことはできませんでした。一方で、ルイ十六世のように公妾を持たない国王はどこかからかいの種になったようです。

フランス歴代の国王のうちで、もっとも多く公妾や愛人を抱えたのは、アンリ四世とルイ十四世、それにルイ十五世だと言われています。公妾は既婚者でなくてはなりませんでしたが、政治や文化にも多大な影響を与えました。現にポンパドゥール夫人などは、大臣の罷《ひ》免《めん》や任命にも発言権をもっていたほか、ヴェルサイユ宮殿の離宮プチ・トリアノンやパリのコンコルド広場の整備や造営にも関わっていましたし、ヴォルテールやディドロやダランベール、モンテスキューなど啓蒙の世紀に生きた輝かしい人々を積極的に支援しました。啓蒙の世紀と典雅なロココ様式の時代を支えた一人がポンパドゥール夫人だったのです。
ロココないしロカイユについてざっとおさらいをしておきます。美術様式としてはバロックの後に盛んになったのがロココで、ルイ十五世の宮廷やポンパドゥール夫人のサロンから拡がっていきました。バロックに比べると、繊細優雅な雰囲気が際立ちます。絵画で言えば、「雅びな宴《フェット・ガラント》」で知られるヴァトー、官能的な筆致でルノワールにも影響を与えたブーシェ、『アナと雪の女王』のワンシーンにヒントを与えた「ブランコ」などで有名なフラゴナールなどがロココを代表する画家として有名です。家具の世界でも、優美華麗なものが作られるようになりますが、それらを指して「ルイ十五世様式」ということもあります。

パンテオン

ルイ十五世の時代に建てられた建造物で、今なお威容を誇っているのがスフロ設計によるパンテオンです。当初はサント・ジュヌヴィエーヴ教会として計画されましたが、結果として偉大な功績を残した人々の墓所となりました。ジャン・ジャック・ルソー、ヴォルテール、ヴィクトル・ユーゴー、エミール・ゾラ、アレクサンドル・デュマ・ペール、アンドレ・マルローなどの文学者のほか、キュリー夫妻をはじめとする科学者、政治家、軍人など、多くの偉人が祀られています。
一八五一年、レオン・フーコーが長い振り子を用いて地球の自転を証明したのもパンテオンにおいてでした。日本でも最近は各所でフーコーの振り子を見ることができますが、パンテオンに行かれたら、ぜひ本家本元のフーコーの振り子をご覧になることをお勧めします。

リュクサンブール公園付近からパンテオンを眺める（T）。

建物自体も新古典主義の傑作と言われていますので、パリ滞在の折に入ってみたらいかがでしょうか。サン・ミシェル大通りを上ってゆき、エドモン・ロスタン広場で左に曲がって、スフロ通りを直進すると正面にあります。スフロ通りの左手にルイ・ル・グラン校、パンテオンの裏手にアンリ四世校という名門リセが控えています。パンテオンのテラスからはエッフェル塔が見えます。

12 マリー・アントワネット

悲劇の王妃?

少しなりともフランスに関心があるという学生に聞くと、とくに女性の場合、マリー・アントワネットが好きという答えが返ってくる確率は決して低くないと思います。恐らくは『ベルサイユのばら』の影響だと思いますが、たしかに原作も宝塚の舞台も素晴らしいので、そうした学生たちの気持ちはよくわかります。ただ、歴史上の人物としてのマリー・アントワネットは必ずしも魅力的ではなかったようです。

ルイ十五世がポーランドの元王女と結婚したように、ルイ十六世が結婚した相手もフランス人ではありませんでした。当時はヨーロッパの王家では政略結婚を繰り返しながら、権力を増大して安定した基盤を作ることが重要視されていました。

マリー・アントワネット、ドイツ語名マリア・アントーニアは、一七五五年十一月二日に、神聖ローマ帝国皇帝フランツ一世とオーストリア女大公マリア・テレジアの十一女としてこの世に生を享けました。十六人いた子どものうち、マリーは下に弟が一人いるだけでした。姉がそれだけ多かったことがマリーの運命に大きく関わってきます。マリア・テレジアは最初、ルイ十五世の王太子ルイ・フェルディナンの三男だった(兄二人は早逝)ルイ・オーギュスト（のちのルイ十六世）と、マリーの三つ年上の姉マリア・カロリーナとの結婚、すなわち、ブルボン家とハプスブルク家というヨーロッパ屈指の名家の政略結婚を画策します。

ところが、ナポリ王フェルディナンド四世との結婚を控えていたマリーの四歳年上の姉マリア・ヨーゼファが急逝し、代わりにマリア・カロリーナが急遽《きゅうきょ》ナポリ王に嫁ぐことになりました。そこでマリア・テレジアが考えたのが、ルイ・オーギュストとマリー・アントワネットとの結婚でした。

しかし、この結婚じたい、ルイ・オーギュストの父である王太子ルイ・フェルディナンと母のマリー・ジョゼフ・ド・サクス双方から反対されて暗礁に乗り上げてしまいます。一七六五年、王太子ルイ・フェルディナンが死去。ルイ十五世は孫のルイ・オーギュストとマリー・アントワネットとの政略結婚を進めようとします。ただし、条件がありました。それはマリー・アントワネットがフランス語を話せることでした。オルレアン司教の紹介で、ソルボンヌ大学博士のヴェルモンが家庭教師の役をしましたが、マリー・アントワネットはフランス語の会話を除けば、あまり熱心な生徒ではなかったようです。

一七七〇年五月十六日、王太子ルイ・オーギュストとマリー・アントワネットの結婚式がヴェルサイユ宮殿で行われ、マリーはフランス王太子妃となります。まだ十四歳の若さ

プチ・トリアノンはルイ15世がコンコルド広場を設計したガブリエルに命じて、ポンパドゥール夫人のために建てさせた館でしたが、完成は夫人の死後になり、マリー・アントワネットに与えられました。ヴェルサイユ宮殿のなかでも、人気の高い旧跡です。写真はマリーの愛した英国式庭園から見たプチ・トリアノン（T）。

でした。ルイ十五世の寵姫《ちょうき》デュ・バリー夫人とは犬猿の仲でしたが、先回りして言えば、一七九三年、マリー・アントワネットが処刑されて二ヶ月もしないうちに、デュ・バリー夫人も断頭台の露と消えました。

　一七七四年、ルイ十五世が世を去り、王太子がルイ十六世として即位し、マリー・アントワネットは王妃になりました。この十九年後の一七九三年に処刑されるまでの間、無実の詐欺事件、いわゆる「首飾り事件」に巻き込まれたり、濫費の果てに「赤字夫人」と呼ばれたりしながらも、マリーはフランス宮廷で王妃として振る舞います。

　ヴェルサイユ宮殿でマリーが愛したのは、プチ・トリアノンという離宮と英国式庭園でした。そこは今でも多くの観光客が訪れる名所になっています。

断頭台へ

一七八九年、革命の嵐が到来したとき、マリーは革命に反対する勢力を支援します。それればかりか君主制を延命させるため、ヴェルサイユ宮殿からパリのチュイルリー宮殿へ移送されたあとも、諸外国の軍事協力を画策し、スウェーデンの貴族フェルセンの助力を得て、オーストリアにいた兄の神聖ローマ帝国皇帝レオポルトに支援を頼もうとします。

一七九一年六月二十日、国王一家は平民に化けて、ワインや衣裳や貴金属などの荷物をたっぷり積んだ大型馬車でパリを抜け出して、東部国境に程近い町へ身を隠そうとします。そこで亡命貴族や援軍を待とうとしたと言われています。ところが、もともとスピードの出ない馬車で、過積載ということもあり、目的地へ到達する前に、フランス東部ムーズ県ヴァレンヌで国王一家だということがわかってしまい、二十五日には護送されてパリへ戻ることになります。それまでは曲がりなりにも君主制を温存して立憲制を樹立しようとしていた市民たちも、パリから逃亡しようとした国王一家に対する反撥を強め、それが最終的には死刑支持へと繋がったことを考えると、この「ヴァレンヌ逃亡事件」こそが、フランス革命そのものの展開を大きく変えたと言えそうです。

ところで、飢えに苦しむ民衆の話を聞いたマリー・アントワネットが「それならお菓子

（あるいはブリオッシュ）を食べればいいのに」と言ったというエピソードは事実ではありません。もともとジャン・ジャック・ルソーが『告白』のなかで一七四〇年の記述として「さる王女」の言葉を引いているだけであり、マリー・アントワネットが生まれたのはそれより後だからです。

王族の牢獄・タンプル塔

一七九二年、虎視眈々とフランスを狙う諸外国と革命政府との戦争が始まります。民衆はマリー・アントワネットが敵側に情報を漏らしているのではないかと疑い、次章で記すように八月になって国王一家（国王、王妃、王太子、王女、王妹）をチュイルリー宮殿からタンプル塔に移し、幽閉します。

タンプル塔はもともとテンプル（タンプル）騎士団の中心的な修道院でしたが、ひときわ高い塔が建っていたためこの名前で呼ばれます。革命後は牢獄として使用され、とくに他の牢獄より出入りの管理が容易だったこともあって、要人の収監が主でした。マレー地区のピカソ美術館とレピュブリック広場を結ぶ線上のほぼ中間地点にありました。

一八〇八年、この建物を嫌ったナポレオンによって解体されましたが、それまでは監獄として機能しており、一七九三年一月、ルイ十六世はここから処刑場の革命広場（現在のコンコルド広場）に連れて行かれました。同年八月二日、マリー・アントワネットはここからコンシエルジュリーへと移送されました。コンシエルジュリーに移されたマリーは、十月十五日、死刑判決を受け、翌十六日、夫と同様、革命広場で処刑されました（一七四八年、パリ市は現在のコンコルド広場の中央に、ルイ十五世の騎馬像を据えて、公共の広場として整備することを決めました。「ルイ十五世広場」と呼ばれることになる広場の整備を担当した建築家ガブリエルを支えたのがポンパドゥール夫人でした。この広場はフランス革命時、「革命広場」と名前が変わり、騎馬像が撤去されたばかりでなく、ギロチンの処刑場となり、ルイ十六世やマリー・アントワネットもここで処刑されました。その後、一八三〇年に「コンコルド〈融和〉広場」が正式名称となりました。一八三六年、エジプトから贈られたルクソールのオベリスクが整備された広場の中央に建てられ、ほぼ今の姿になりました）。

遺された息子のルイ・シャルル（ルイ十七世）は、タンプル塔内の、ルイ十六世が囚われていた牢屋に移され、母が処刑されたことも知らされないままひどい虐待を受けた果てに衰弱しきって、一七九五年に世を去ります。

ただ、幼いルイを実際に見た者はほとんどいなかったため、死んだ少年は別人で、本物のルイ十七世は生存していたという説が根強くありましたが、二〇〇〇年になって、唯一遺された心臓のDNA鑑定をした結果、タンプル塔で死んだのはルイ十七世本人だったことがわかり、王家の墓所であるサン・ドニ大聖堂に改めて葬られました。国王夫妻の遺骸も当初は当時の共同墓地に埋葬されましたが、王党派が秘かにつけた目印をもとに王政復古の際、掘り出され、サン・ドニ大聖堂に改葬されました。

王妹のエリザベートは、一七九四年五月、義姉のマリー同様、コンシエルジュリーに移送され、深夜の裁判で死罪を言い渡され、翌日断頭台に送られました。遺骨はカタコンブに移されたままです。弟のルイ・シャルルとともにタンプル塔に残されたマリー・アントワネットの長女マリー・テレーズは、しだいに民衆の同情を集め、一七九五年、神聖ローマ皇帝フランツ二世と革命政府の間で合意した条件に従って、フランス人捕虜との交換で、ウィーンへ移り、のちに父ルイ十六世の弟シャルル十世の長男のルイ・アントワーヌ王太子と結婚。子どもがなかったため、マリー・アントワネットの直系は絶えることになりましたが、マリー・テレーズ自身は一八五一年まで永らえ、王政復古時代には、反ナポレオンを標榜《ひょうぼう》してさまざまな局面で活躍しました。

タンプル塔は今では小さな公園と三区の区役所になっています。メトロ三号線のタンプル駅が最寄り駅です。

コンシエルジュリーは、王室官房長（コンシエルジュ）の管理する宮殿の建物でしたが、ここも牢獄として使われました。マリー・アントワネットが最後の時を過ごした部屋は今も見ることができますし、近年、博物館としても整備されたので、シテ島散歩の際には立ち寄ってはいかがでしょうか。

13　フランス革命――国王処刑とその後

変わる革命への評価

「詩的レアリスム」の巨匠ルネ・クレール監督が一九三二年に発表した映画“Quatorze juillet”（七月十四日）は、革命記念日の七月十四日をタイトルにした作品ですが、日本では「巴里祭（ぱりさい／ぱりまつり）」というタイトルで公開されました。パリの下町を舞台に花売り娘とタクシー運転手の恋が抒情的に描かれた名作です。ただ、原題は「革命記念日」「国祭日」を表す日附で、革命を祝うのはパリだけではありません。この日、パリではシャンゼリゼ大通りを軍隊が行進し、大統領が閲兵《えっぺい》するほか、上空を飛行機部隊が整然と飛ぶ軍事演習さながらの光景が繰り広げられますが、地方では場所によって、昼間は鼓笛隊の行進があり、夜も更けてようやく暗くなる十一時過ぎ頃から花火大会が催されます。

一七八九年七月十四日、権力の象徴的存在だったパリのバスチーユ監獄を民衆が襲撃します。一般に、これをきっかけにフランス革命が勃発したとされること、以後しばらく記念祭が挙行されたことから、この日が革命記念日とされるようになりました。

フランス革命と言えば、国王ルイ十六世と王妃マリー・アントワネットが斬首されたことが有名です。フランス歴代の多くの国王が死ぬまで、パリ以外の、ロワール川沿いの城館やヴェルサイユ宮殿で大半を過ごしたのと比べて、ルイ十六世の場合は最初はともかく、とくに最期がパリと深く結びついています。

前の章で触れたように、ヴェルサイユ宮殿からパリの中心部のチュイルリー宮殿に移され、ヴァレンヌ逃亡事件以後は、民衆の軽蔑と憎しみを買い、タンプル塔に幽閉され、そこから直接現在のコンコルド広場に据えられた断頭台へ運ばれた、というだけで、ルイ十六世とパリとの関わりは強く感じられます。

そういうなかで、ルイ十六世は錠前作りと狩猟だけにうつつを抜かす愚昧《ぐまい》な王だったという印象をお持ちの方は少なくないと思います。しかし、二〇〇五年に刊行されたジャン＝クリスチャン・プティフィス著『ルイ十六世』（邦訳は二〇〇八年に上下巻で刊行）に代表される最近の研究では、ルイ十六世は科学や哲学にも深い教養を持ち、農奴制を廃し、プロテスタントとユダヤ人の同化政策を進めるなどした英明な君主で、外交面でもアメリカ独立戦争に多大な影響を与える等、優れた啓蒙専制君主たりえた王だったとも言われるようになりました。

ただ優柔不断なところがあり、自ら信じる道を遮二無二進むことはできなかったことが、古代さながら生け贄《にえ》によって体制刷新を図ろうとした時代の欲するままに、悲劇的結末を呼び込んだというのです。

歴史上の人物だけではなく、大事件も解釈が変わることは珍しくありません。フランス革命を、前近代社会から近代社会へと脱皮する転回点として高く評価してきた時代はそろそろ終わりを迎え、近年は行き過ぎた運動として批判する傾向が強まっています。

「レヴェイヨン事件」——革命の引き金

「大革命」とも称されるフランス革命はバスチーユ襲撃がきっかけだったのではなく、一七八九年四月二十六日から二十八日にかけて、パリのフォーブール・サン・タントワーヌ地区で起こった大暴動「レヴェイヨン事件」を境にして一気に拡がったと考えるほうがよさそうです。フォーブール・サン・タントワーヌ通りは、今のバスチーユのオペラ座から見て二本東寄りの、十一区と十二区の境界にある通りです。

ジャン・バチスト・レヴェイヨンは、壁紙製造業者で、バスチーユから一キロメートルほど進んだあたり、現在のメトロ八号線「フェデルブ・シャリニー」駅近くのモントルイユ通り三十一番地二号に、自宅兼工場を持っていました（今では壁に標識がつけられています）。

その年はパンの価格の暴騰がひどく、日々の糧《かて》にありつけない労働者があまたいました。レヴェイヨンがパンの価格を下げるために提案した方法が結局は賃金を下げることだと誤解した労働者たちは、レヴェイヨンらの人形を燃やし、その自宅兼工場へ押しかけます。衛兵隊と衝突し多数の死傷者が出ました。それは単に、経営者対労働者の対立ではなく、富裕層に対する貧困層の食べるための戦いでもありました。フランス革命は着々と烽《ほう》火《か》を上げ始めていました。

レヴェイヨン事件と並んで、人々の意識を根本的に変えたのが、同年五月の全国三部会を見据えて一月に匿名《とくめい》で発表された政治家シエイエスのパンフレット「第三身分とは何か」でした。聖職者と貴族以外の平民が第三身分と呼ばれていましたが、シエイエスは第一身分と第二身分に属する者たちの特権を廃し、国民の代表たる第三身分の労働者の利益を守るべきであり、三部会の人数も三つの身分代表を同数にし、票決も数で行うことを主張。大反響を呼びました。輿論は貴族や聖職者の特権の廃止と、国民の代弁者である第三身分の台頭を強く望んでいたのです。

ところが全国三部会では票決の仕方で、第一身分と第二身分対第三身分で意見が対立。いつまで議論しても埒《らち》があかないので、第三身分の人々は国民議会を結成します。第一身分の聖職者たちはそこに合流することを決めましたが、第二身分の貴族たちが強硬に反対して、国民議会の議場を閉鎖してしまいます。国民議会派は六月二十日、ヴェルサイユ宮殿の球戯場《ジュ・ド・ポーム》に集まって、王国の憲法が制定されるまで、決して解散しないことを誓います。これが俗に言う「テニスコートの誓い」として知られる集会でした。

六月二十七日、国王は第一身分と第二身分の議員たちの合流を命じ、実質的に国民議会は国王の承認を得るのですが、反対派の圧力で、ルイ十六世はパリとヴェルサイユに軍隊を駐留させます。マリー・アントワネットと王弟アルトワ伯（のちのシャルル十世）に実権を握られていた国王政府は、七月十一日、民衆に人気のあった財務総監ジャック・ネッケルを解任しました。その報せがパリに届いた翌日から、パリの各地で不穏な動きが活発化します。

暴力革命と化す

そして七月十四日がやって来ました。朝から多数の市民たちが政府軍から身を守る自衛のための武器を求めて、廃兵院《アンヴァリッド》に押しかけ、数万挺の小銃と大砲二十門を奪いました。それだけでは足りず、人々は武器を大量に保管していたバスチーユへ向かうことになります。最初は民衆の代表者数名がバスチーユ司令官と交渉しますが、司令官は武器を渡そうとしません。痺《しび》れを切らした市民二人が塀を越えて中に入ります。それを皮切りに、どっと雪崩を打って人々がバスチーユ内に押し入って、警備軍と銃撃戦になりました。

午後三時半過ぎ、国王軍から離脱した兵士たちが市民に合流。その勢いを食い止めることはできず、ついにバスチーユは陥落します。解放された囚人はわずか七名。政治犯はおらず、治安を乱した廉《かど》で囚われていた老人ばかりでした。マルキ・ド・サドは十日前まで拘留されていましたが、すでに他の場所へ移送されていたので、その場にはいませんでした。

バスチーユの司令官は人々に連行され、裁判にかけられる前に市庁舎前で、亢奮《こうふん》した群衆に殺されました。

ヴェルサイユにいたルイ十六世はバスチーユ襲撃の報を聞くと、

「暴動《レヴオルト》か」と側近に尋ねます。側近の答えはこうでした。

「いいえ、陛下。暴動ではございません。革命《レヴオリユーシヨン》でございます」

ルイ十六世はネッケルを復権させ、自らパリへ赴き、新たに発足したパリ市政府当局《コミューン・ド・パリ》（一七八九年から一七九五年まで存在した革命政府。中央政府の命令に従わない独立した機関で市庁舎に本拠を置きました。一七九二年以降は反乱組織となり、国王一家のタンプル塔への幽閉も決めました）を受け入れ、市民軍を国民衛兵として承認しましたが、それを民衆への譲歩ととらえる反革命派と革命派の板挟みになって、実権を失っていきます。

すでに書いたように、そんな中で起こったヴァレンヌ事件が引き金になって、国民の間にあった王制支持のムードは過激な共和制支持へと一変し、国王処刑に繋がって行きました。一方、フランス国外では、王制を廃して共和制を推し進めれば、武力を以てフランスを制圧するというオーストリアとプロイセンの脅威が表面化し、ルイ十六世は議会の圧力によって、開戦もやむなしという判断を余儀なくされます。

民衆は急進革命派や革命推進派内の各勢力に煽《あお》られてますます過激になって行きました。キュロットとは貴族が着用していた半ズボンです。「キュロットなし《サン・キュロット》」とは、平民用の長ズボン《パンタロン》を意識的に穿くことで、貴族とは違うという意思表示になりました。

一七九二年八月十日、ダントンに煽動《せんどう》された軍隊と民衆がチュイルリー宮を襲撃します。一旦立法議会に難を逃れた国王一家は、議会による王権停止を命じられ、まず修道院に、さらに数日後にはタンプル塔に幽閉されますが、国王一家が連れ去られた後、チュイルリー宮は虐殺の場と化します。自由・平等・友愛を掲げ、人権宣言を高らかに謳《うた》ったはずの革命が、殺戮を意に介さない暴力革命へと変わったのはまさにこのチュイルリー宮事件がきっかけだったと言えるでしょう。九月に一週間にわたって続いた「反革命分子」とされて投獄された人々の大量虐殺もその流れのなかで起こりました。虐殺はパリだけではなく、地方へも及びました。

一方、九月半ば以後、フランスの領土に侵入してきたプロイセン軍にフランス軍が勝利します。ほとんど同時期に行われた国民公会の選挙では、地方では穏健派のジロンド派が、パリでは過激なジャコバン派（多くは山岳派）が勝利を収めました。選ばれた議員のなかには、ダントン、ロベスピエール、マラ、サン・ジュスト、カミーユ・デムーラン、コンドルセ、画家のダヴィッドなどがいました。

九月二十一日、初めて開催された国民公会で、王制の廃止が満場一致で可決されます。翌日には共和国暦の日附があらゆる公文書で記載されることも決まりました。廃位となったルイ十六世の処遇が話し合われました。すでに王位から追われているので、これ以上罪に問うことはできないという主張もありましたが、サン・ジュストは、国王たる存在は本質的に人民の敵であり、裁判抜きで極刑に処すべしという過激な演説をします。

ただ、まだそのときにはルイ処刑という結論にはいたっていませんでした。十一月二十日になって事態は一変します。チュイルリー宮に鉄製の隠し戸棚が見つかり、そこにルイ十六世一家が敵と内通していたという証拠が入っていたと証言した者が出て来たからです。実際にはそのような陰謀の証拠となる書類はなく、でっち上げに近かったようですが、そのような「証拠」がないと、とてもそれまで君臨していた国王を断頭台に送る判決を下すことはできなかったのではないでしょうか。

たったの一票差で

十二月三日、少数派のジャコバン派の領袖ロベスピエールがサン・ジュストに次いで、裁判にかけずに国王を処刑すべしと主張する演説をします。しかし、それは議員たちの賛同を得ることができず、結局、十二月十一日、ルイは議会に引き出され、今でいう罪状認否を強制されました。宮内大臣を務めたマルゼルブやフェミニズム運動の先駆者オランプ・ド・グージュらがルイの弁護人になりましたが、ルイの処刑後、罪を問われて刑死しました。

マルゼルブの名前をもつ大通りはマドレーヌ教会から北西に延びる道で、八区と十七区にまたがっています。この通りの九番地に、一八七三年から一九〇〇年まで、マルセル・プルーストの一家が住んでいました。オランプ・ド・グージュの名前を冠した広場はパリの三区にあります。二〇〇三年の命名ですから、最近のことでした。

ルイ十六世（廃位後は本人の意志に反して「ルイ・カペー」と呼ばれていました）の「即時死刑」の評決が最終的になされたのは、一七九三年一月十七日。賛成三百六十一票、反対（「執行猶予つき」を含む）三百六十票。もし一票が反対票に回れば、死刑になることはありませんでした。

歴史に「もし」は禁物ですが、そうなれば、フランスは英国のように立憲君主制やその他の道を歩んだかもしれません。執行猶予を認めないという票決が二十日に出され、ルイは翌二十一日の朝、処刑されました。ルイの処刑を熱烈に主張し、その後も恐怖政治を進めたジャコバン派のロベスピエールも、さらに、彼を支えたサン・ジュストも、一七九四年七月二十七日（共和暦テルミドール九日）、国民公会で非難決議を受け、翌日処刑されることになります。

14　恐怖政治と革命の終焉

打ちつづく粛清の嵐の中で

ルイ十六世の処刑を挟んだ一七九二年から一七九七年にかけて、英国、スペイン、オーストリア、プロイセン、ネーデルラント、ナポリ王国、サルディニア王国等といった国々はフランス革命に危機感を募らせ、第一次対仏大同盟を結び、フランスに侵攻しました。

フランスは徴兵制度を敷き、抗戦。一七九三年以降、ナポレオンが各地で勝利を収め、大同盟の国々を押し返したばかりか、領土を拡大するに至ります。一七九七年十月のカンポ・フォルミオ条約で、英国以外はフランスとの休戦を受諾。その結果、ヴェネツィア共和国とジェノヴァ共和国は消滅しました。

そうした対外戦争を抱えただけでなく、国内でも反革命派の内乱が頻発し、経済的混乱も加わって、革命の基盤が弱体化しかねない中で革命政府が採った対応策が、「恐怖政治《ラ・テルール》」でした。一般には、一七九二年九月に起こった虐殺事件から、一七九四年七月のテルミドール九日のクーデターでロベスピエールらが失脚するまでの期間を言います。最初は民衆蜂起の形で特権階級や反革命派を殺害するテロ行為だったのですが、一七九三年十月に革命政府が樹立されると、今度は政府自ら、反革命派や旧体制の聖職者やジロンド派に属する人々を処刑します。さらに、途中から袂《たもと》を分かち、恐怖政治に反対したダントンやカミーユ・デムーランも粛清《しゅくせい》されました。

最初のうちこそ革命裁判所の判決を待って処刑されていたのですが、略式判決が認められた一七九四年六月十一日以降、七月二十七日（テルミドール九日）のクーデターまでのひと月半あまりの間に、パリでは千三百数十名が断頭台で処刑されましたし、地方で虐殺された王党派や反革命派の数は数万にも及びました。処刑された人々のなかには、化学者のラヴォワジエや詩人のアンドレ・シェニエがいます。元徴税請負人だったために死刑となったラヴォワジエですが、その処刑のもう一つの理由は、共和国に知識人は不要である、という信じがたいものだったと言われています。

革命政府は反革命派の土地を没収して民衆に無償で供与するなどの政策をとりますが、

メトロのオデオン駅近くのダントンの像（Ｔ）。

恐怖で支配する政治に叛旗を翻す人々によって、テルミドール九日のクーデターが起こります。テルミドールというのは、王制が廃止された翌日の一七九二年九月二十二日を元年第一日とする共和暦の月の一つで、十二ヶ月の十一番目の月に当たります。七月から八月にかけての暑い時期に即した命名なので、日本語では「熱月《ねつづき》」と訳すこともあります。

共和暦は十進法をもとにして月の区切りや名前だけでなく、時間の単位まで変えたために不評で、結局、ナポレオンが皇帝になった二年後の一八〇六年一月一日からは従来のグレゴリオ暦に戻りました（共和暦では一分は百秒、一時間は百分、一日は十時間、一週は十日で、三週でひと月でした。日もすべて名前がついていて、たとえばテルミドール九日は「ミュール（桑の実）」となっていました）。

ロベスピエールらの恐怖政治に反対する勢力が勢いを増し、器に注がれる液体がそのままではやがてあふれ出すように、テルミドール九日、国民公会でロベスピエール派の糾弾が決議され、一旦は市庁舎に逃げ込んでいたロベスピエールらは翌夕方には断頭台に送られました。さらに翌日、ロベスピエール派の活動家が続けて処刑されましたが、その数は七十余名に達しました。ジャコバン派が終焉を迎え、フランス革命は事実上の終結となりました。

暴力と破壊の時代

このあと、一七九五年には革命裁判所が廃止され、国民公会も解散。総裁政府が成立し、ナポレオンが歴史の表舞台に登場してきます。その前にいくつか書いておきたいことがあります。啓蒙と理性の時代と言われる十八世紀に起こったフランス革命には理性とは逆行する無知と暴力の側面もあまた見られました。それは恐怖政治に限られたことではありません。

何度も書きますが、二〇一九年四月、パリのノートルダム大聖堂が火災に遭い、十九世紀にヴィオレ・ル・デュクが修復した中央の尖塔が崩壊するという事故がありました。しかし、ノートルダム大聖堂はフランス革命の時にかなりの部分が損壊していました。理性の時代にあって、人々の信仰が薄れていったということもあるでしょう。壊れていても修復しようという熱意はなかなか見られなかったのです。

　それには第一身分とされた聖職者が特権を享受するばかりで、民衆の側に立つ姿勢が見られなくなったという理由もあります。教会は頼るべき存在から、排斥すべき対象へと変化しつつあったとも言えます。人々の篤い信仰を集めていたノートルダム大聖堂すら破壊を免れませんでした。

　ノートルダム大聖堂の西正面入り口上部には二十八体の彫像からなる「王のギャラリー」がありましたが、倒すべき王権の象徴ということで壊されました。「王のギャラリー」は、歴代のフランス国王の像という説と、イエスの先祖に当たるユダヤの王たちという説、さらには二つを重ねることで王権と教会権の融合を目指したという説がありますが、これについては四十年ほど前に驚くような発見がありました。一九七七年、パリ市内の銀行の修復工事中に発見された石棺から、三百六十四個もの彫刻の破片が見つかり、調べてみると、そのなかに「王のギャラリー」の彫像の頭部が二十一体分あったのです（それらはクリュニー中世美術館に所蔵されています）。

　革命時のノートルダム大聖堂はそのように破壊されただけではなく、壁も一部は剝落状態にありました。一八〇四年、ダヴィッドが描いているナポレオンの戴冠式が大聖堂で挙行されたときは、壁にタペストリーをかけて惨状を覆い隠したということです。

もちろん、すべてが破壊だったわけではありません。法の下の平等も自由の観念も友愛精神も人権意識も、恐怖政治という苛酷《かこく》な代償を払いながらフランス革命を通じて人々の意識に刻み込まれ、やがては民主主義と理性というヨーロッパ精神の根柢を作っていったのですから。

「ミュゼ」ルーヴルの開館

藝術と科学の尊重もそこに入れてもいいかもしれません。

一七九一年五月二十六日、憲法制定議会は国王に多額の生活費を与えることを決議します。その同日に、ルーヴルが科学と藝術の遺産を収めるミュゼ（美術館と博物館はフランス語では一語です）として機能するべく定められました。二年後の一七九三年七月二十七日、国民公会はルーヴルを「共和国美術館」として使用することを決定。王制が廃された記念日の八月十日にルーヴルはミュゼとして正式に開館しました。開館当初は、国家所有とした王室コレクションや亡命貴族の所蔵品を中心に七百点あまりの美術品が展示されていました。その後、ナポレオン戦争を経て、収蔵品が厖大《ぼうだい》に増えました。

現在では世界一の入場者数を誇るミュゼになったわけですが、一九八九年のフランス革命二百年祭に合わせるかのように作られたガラスのピラミッド（作者は中国系アメリカ人建築家のイオ・ミン・ペイ。二〇一九年五月、百二歳で世を去りました）の入り口も、エッフェル塔やポンピドゥーセンターなどと同じように、当初は反撥する人たちが少なからずいるなかで、次第に支持されてきました。ルーヴルと言えばガラスのピラミッドを連想する方も多いのではないかと思います。ただ、あまりに人気が高く、入場するのに長蛇の列ができることから、二〇一九年後半にはインターネット等による予約入場方式が義務化されました。そのルーヴル美術館も元を辿ればフランス革命に行き着きます。観光立国をしているフランスの代表的な美術館が革命時に誕生したと思うと、とくにフランス革命のような歴史的事件は、単眼で眺めてはいけないとその都度教えられるような気がします。

15　ナポレオン一世

「アンヴァリッド」のナポレオンの棺

パリへ行くと、ルーヴルやオルセー以外にも必ず訪れたくなる個人美術館がいくつかあります。そのなかの一つは七区のヴァレンヌ通りに入り口のあるロダン美術館ですが、その西隣に位置するのがアンヴァリッド（廃兵院）です。金色に輝くドーム型の屋根が目印です。

「アンヴァリッド」とは傷痍軍人《しょういぐんじん》の意味で、一六七〇年、ルイ十四世の命で建設が始まりました。軍事博物館が併設されていて、今でも傷痍軍人のための施設があります。ドーム型の屋根の下にある教会の地下墓所の中心には、ナポレオン一世の巨大な棺が安置され、一階からでも地下からでも、円形を描く通路から見ることができます。

ロダン美術館の庭から見えるアンヴァリッドの金色のドーム（T）。

　アンヴァリッド入り口附近にもナポレオンの彫像がありますが、もうひとつ、遠くからでないと見えない像がヴァンドーム広場に建つ円柱です。ナポレオンがアウステルリッツの戦勝記念に、敵から奪った大砲を溶かして作らせたと言われていますが、天辺にナポレオン像がパリを睥睨《へいげい》するかのごとく立っています。

風雲児

ナポレオン・ボナパルト（一七六九〜一八二一年）

一階から見たナポレオンの棺（T）。

はコルシカ島のアジャクシオに生まれました。ジェノヴァ共和国領だったコルシカ島がフランス領となった翌年でした。コルシカ島はイタリア系の住民が少なくなく、ナポレオンも最初は、イタリアふうに「ナポリオーネ・ブオナパルテ」と名乗っていましたが、軍功を挙げて力を増してきた頃からフランスふうに「ナポレオン・ボナパルト」と言うようになります。のちに皇帝になった彼は、国王には苗字がなく名前だけであるのに倣《なら》って、名前の「ナポレオン」だけを使うようになりました。

　ナポレオンは古い貴族の家系でしたが、コルシカ島がフランス領になったとき、新貴族となった父親の計らいで、国王の奨学金によりフランスへ留学することになりました。兵学校を経て、一七八四年にはパリ士官学校へ進みます。歴史や地理に関する書物に読みふける青年だったと言います。革命勃発後は、ジャコバン派とロベスピエールを支持。一七九三年、マルセイユ近くのトゥーロンを閉鎖していた英国とスペイン軍との戦いに、砲兵隊長として指揮を執り、トゥーロンを奪回した軍功をロベスピエールに評価されて旅団長となりました。

一七九五年十月、ヴァンデミエールの叛乱と呼ばれる事件が発生します。王党派によるクーデターでした。ヴァンデミエールは共和暦の葡萄《ぶどう》月を意味します。国民公会のあったチュイルリー宮が襲撃されます。革命政府はバラスを鎮圧軍の司令官に任命。バラスはトゥーロンの奪回を評価して、ナポレオンを副官に任命します。

ナポレオンはパリの市街地、サン・トノレ通り二百九十六番地にあるサン・ロック教会に立てこもった叛乱軍に向けて砲弾を浴びせます。二時間あまりの戦闘が終わったとき、双方の犠牲者は四百人に及びました。サン・ロック教会のポーチにはこのときの砲弾痕が残っています。この戦功が評価され、ナポレオンは国内軍の総司令官に任命されます。国民公会は叛乱軍に対して寛大な措置をとったこともあって、かつてはルイ十五世広場と呼ばれ、革命時には革命広場として断頭台のおかれた広場は「コンコルド」、融和の広場と言われるようになりました（正式には一八三〇年以降でしたが）。

一七九六年、バラスの愛人だった未亡人ジョゼフィーヌ・ド・ボアルネと結婚します。ナポレオンの妃として皇后にもなった女性ですが、嗣子《しし》がいなかったため、ナポレオンは一八〇九年ジョゼフィーヌと離婚し、翌年オーストリア皇帝の娘のマリー・ルイーズと再婚。その次の年にはナポレオン二世となる男児が生まれました。

さて、一七九六年、バラスからイタリア方面軍の司令官に抜擢されると、翌年も各地の戦いで勝利を挙げ、オーストリアとカンポ・フォルミオ条約を締結して、北イタリアで広範囲にわたって領土を獲得したばかりか、いくつもの姉妹共和国（フランスの衛星国家）を作ります。第一次対仏大同盟はここに崩れ落ちました。姉妹共和国は、それまでの君主制を廃し、自由、平等といったフランス革命の理念を継承し、民衆の意識を変えていきますが、同時に、領土拡大を目的とするナポレオン戦争の軍事面での兵站《へいたん》の役割を担っていました。

時代を変えたさまざまな施策

エジプト遠征から舞い戻ったナポレオンは、一七九九年十一月九日、シエイエスらとともに、軍事クーデターを起こし、総裁政府を倒して統領（執政）政府を樹立します。これが名高い「ブリュメール（霧月）十八日のクーデター」です。第一統領（執政）となったナポレオン政権の始まりでした。一八〇二年の終身統領（執政）を経て一八〇四年に皇帝となるまでの間、ナポレオンが行った施策は重要です。そのおもなものをいくつか挙げてみましょう。

・一八〇〇年。フランス銀行の設立。国内の貨幣統一と経済的安定のためでもありました。

・一八〇二年。レジオン・ドヌール勲章の創設。旧制度《アンシャン・レジーム》では軍人のみが受けた勲章がすべての人々に開かれました。

・一八〇四年。フランス民法典の施行。当初は「フランス人の民法典」という名前でしたが、その後、ナポレオン法典と名称が変わり、一般には「民法典」と言われることが多いものの、ナポレオン法典の名称がまったく廃されたわけではなく、現在に至ります。

言うまでもなく、ナポレオン自身の家父長制的側面が反映された規定などはその後、時代の変化に合わせ、大幅な書き換えを施されたところもありますけれど、基本的には各時代の民法はナポレオン法典をいわばバージョンアップしたものとして、二百年以上フランスで用いられてきました。ナポレオン法典は近代市民社会を支える私法の規範となったのです。

ここで書いておかなければならないのは、そこに見られる先駆的な考えです。すなわち、「権利能力平等の原則」「私的所有権絶対の原則」「私的自治の原則」という近代私法の三大原則のほか、「国家の世俗性」「信教の自由」「経済活動の自由」といった、近代国家には不可欠な規範が謳われています。

・一七九八年から一七九九年。エジプト遠征。学術的分野の重要性を理解していたナポレオンはこの遠征に、数学者のフーリエをはじめ、さまざまな分野の学者や藝術家百六十七人を同行させます。近代エジプト学の幕開けを告げるロゼッタストーンは一七九九年に発見されたのでした。

シャンポリオンが一八二二年に解読したロゼッタストーンは現在、大英博物館にあります。ナポレオンのエジプト遠征の詳細な報告書『エジプト誌』（一八〇九〜一八二八年）は建築、自然、博物誌等、多岐にわたる精緻な図録ですが、二〇〇二年に日本版が出ました。ヨーロッパにおけるオリエンタリズムの火を灯し、あまたの画家や学者たちに影響を与えたこの本は、開くたびに感動を覚える名著です。

その他、公共教育法や「民法典」と合わせてナポレオン五法典と言われる「商法典」「民事訴訟法典」「刑法典」「刑事訴訟法典」もナポレオンが関わった法律でした。メートル法を採用したのもナポレオンでした。

多くの伝説を残した男

一八〇四年五月、皇帝となり、同年十二月二日に、ノートルダム大聖堂で戴冠式を行いました。トゥーロン奪還で頭角を現してから十年あまりで皇帝に上りつめたわけですが、それから十年で皇帝の地位を追われます。第一統領となった年から数えると、実質的な政権期間はわずか十五年しかありません。二〇〇〇年以降、五年任期になりましたが、第五共和制のフランス大統領の任期は七年、しかも再選も可能ですから、二期務めたミッテランの十四年とそう変わりません。それを考えるとどこか不思議な感じがします。

軍事的独裁者として領土を拡大するいわゆるナポレオン戦争を何度も引き起こし、数え切れないほどの犠牲者を生む一方で、法典の整備をはじめ数々の施策によって旧体制を葬り去ったナポレオンには伝説も多く遺されています。百日天下のあと、セント・ヘレナ島に流されて、一八二一年に世を去ったナポレオンの死因すら諸説あります（ただし、広く流布してきた砒素《ひそ》による毒殺ではなかったようです）。

わが国でも頼山陽《らいさんよう》以降、ナポレオンに触れた著作家は多く、思想家鶴見俊輔《つるみしゅんすけ》の父、鶴見祐輔《ゆうすけ》もその一人ですが、彼が著書『ナポレオン』に記したナポレオンの言葉「余の辞書に不可能の文字はない」を知らない方はいないのではないでしょうか。この出典は諸説あるようですが、調べてみると、一八一三年の部下への手紙で、あえて現代語ふうに直訳すると「それは可能ではないと貴君の手紙にありましたが、それはフランス的（フランス語的）ではありません」となる一節がそれに当たるようです。

ナポレオンゆかりの場所

英国とヨーロッパ諸国の通商を禁じた「大陸封鎖令」、マレンゴやウルムやアウステルリッツ（フランス語では「オーステルリッツ」）やイエナでの大勝、トラファルガー、ワーテルローその他の敗戦、ロシア遠征失敗、エルバ島から脱出したあとの「百日天下」、そしてセント・ヘレナ島での幽閉と死。ナポレオンについては書くべきことは数え切れないほどあります。ここでは、アンヴァアリッドと軍事博物館のほかにパリに残るナポレオンにまつわる記念物や都市整備について書いておきます。建築や土木工事は時間がかかるため、ナポレオンの治世のうちに完成しなかったものも少なくないのですが、それでもナポレオンが抱いた構想の実現と言っていいでしょう。

エトワール（現・シャルル・ド・ゴール）広場の中央に建つ凱旋門《がいせんもん》は、一八〇六年、戦勝記念のためにナポレオンが建設を命じました（完成は一八三六年）。ルーヴルのガラスのピラミッドから西北に百メートル足らずのところに建つカルーゼルの凱旋門も同じ年に、やはりナポレオンの戦勝を記念して建設が始まり、こちらは二年で建てられました。

一八七一年のパリ・コミューンでチュイルリー宮殿が焼失してからは、ルーヴル、カルーゼルの凱旋門、コンコルド広場のオベリスク、シャンゼリゼ大通り、エトワールの凱旋門、一九八九年にできたデファンス地区の新凱旋門まで、ほぼ一直線で結ばれました。凱旋門の上に登って、シャンゼリゼ大通りの方角に目を向けると、それがまさにパリの背骨であるかのように思われます。

次に改めて行われたのが、ノートルダム大聖堂の前庭の拡張です。そのためには隣接する病院の一部取り壊しも必要でした。ノートルダム前の広場はその後も拡張されていますが、そうして広くなったことがノートルダム大聖堂そのものの偉容を生み出しています。

カルーゼル広場に建つ凱旋門（T）。

コンコルド広場。オベリスクとエッフェル塔（T）。

また、シャトレにあった大きな要塞はセーヌ両岸の交通を阻《そ》碍《がい》していましたが、それも取り壊され、パリが左岸と右岸とも

火災前のノートルダム大聖堂（T）。

に都市として発展してゆく礎《いしずえ》となりました。ポン・ヌフのすぐ西にあって、ルーヴルと学士院を結ぶ鉄橋ポン・デ・ザール（藝術橋）や、練兵場のシャン・ド・マルスとシャイヨー宮のある丘を結ぶイエナ橋、ノートルダム大聖堂の裏手からサン・ルイ島を結ぶサン・ルイ橋や、ジャルダン・デ・プラント（国立植物園）と右岸を繋ぐオーステルリッツ橋もナポレオン時代に作られ、両岸の往来を楽にしました。それらはセーヌの護岸工事とも関係していました。

パリに限らず、フランスでは、道路名と番地だけで住所が決まります。慣れるとこの上なく便利な仕組みですが、これが運用されたのが一八〇五年のことでした。

リヴォリ通りを整備し、アーケード附きの大きな建物が建てられたのもナポレオンの時代です。

運河建設も忘れることはできません。それまで水のインフラが整っていなかったパリの水事情を飛躍的に改善したのが、ナポレオンが建設を命じた全長百キロメートル近いウルク運河とそれに繋がるサン・マルタン運河です。サン・マルタン運河は映画『北ホテル』や『アメリ』の舞台ともなりましたから、日本でもよく知られているでしょう。水は運河だけではなく、パリの各所にある噴水、噴泉にも関係していて、人々の暮らしに役立っています。

ナポレオンの治世を経て、パリは今のパリに大きく近づいたと言えそうです。人口も帝政時代に急増します。革命時には減少した人口は一八一四年には、七十万人に達しました。

16　王政復古〜第二共和制

ルイ十八世とシャルル十世

一八一四年、ナポレオンが第六次対仏大同盟に敗れて退位したあと、ブルボン王朝復活を企図するタレイランらの助力もあって、亡命先の英国から帰国した、ルイ十六世の弟で「ムッシュー」と呼ばれていたプロヴァンス伯ルイ・スタニスラス・グザヴィエが、ルイ十八世として即位し、講和条約に調印するとともに、欽定《きんてい》憲法にあたる「憲章」を発布して、立憲王制を樹立しました。ところが、一八一五年三月二十日、エルバ島から脱出したナポレオンがパリに戻ってきます。帝政の復活となり、ルイ十八世はベルギーへ亡命。ナポレオンは新憲法を、『アドルフ』の作家バンジャマン・コンスタンに起草させて、二院制からなる責任内閣制を始めますが、ウェリントン率いる英国、ロシア、オーストリア、プロイセンの連合軍と戦わざるを得ず、六月十八日、ベルギーのワーテルローで敗れ、英国軍の手でセント・ヘレナ島へ流刑となりました。ルイ十八世はすぐにフランスへ戻り、ナポレオンの「百日天下」は終焉を迎えました。

　立憲君主としてのルイ十八世は比較的穏健で、強圧的な政策は採らず、第五代リシュリュー公爵やドカーズといった人々を首相に任命しましたが、一八二一年、ナポレオンの死と時期を同じくしてリシュリューが辞任すると、政権は一気に過激な超王党派の手に渡り、王自ら政治に参画する機会は減っていきました。在位十年あまりで、ルイ十八世は重篤な糖尿病と痛風のために苦しみながら世を去りました。死後解剖された最後の国王です。

　後を継いだのがシャルル十世としてブルボン王朝最後の国王となったアルトワ伯でした。ルイ十六世と十八世の弟に当たりますが、超王党派の領袖《りょうしゅう》となり、旧体制に戻そうとする文字通りの反動政治を行いました。

一例を挙げれば、革命時に財産を没収された貴族に賠償する法律の制定ですが、こうした強圧的な手法は人々の反発を招きます。一八三〇年七月二十六日に出した「七月勅令」は、出版の自由の停止や議会解散などを定めたもので、これに強く反対した民衆は二十七日に蜂起。二十八日の市街戦を経て、二十九日、民衆側がパリを制圧しました。民衆は共和制を熱望しましたが、銀行家のラフィットの策動のもと、結局「栄光の三日間」を挟んで、再び王政が敷かれ、オルレアン公ルイ・フィリップが即位しました。

七月革命と二月革命

一七九一年以降のルイ十六世がそうであったように、ルイ・フィリップは「フランスの王」ではなく「フランス人の王」と呼ばれました。共和制にはならなかったものの、この「七月革命」は諸国の自由主義運動を活性化することに繋がる重要な出来事だったと言われています（バスチーユ広場の中央に建つ「七月革命」の記念塔は、一八四〇年に完成しました）。王位を追われたシャルル十世は英国に亡命し、最後は現在のイタリアとスロベニアの国境の町ゴリツァで他界しました。遺骨は現スロベニアのノヴァ・ゴリツァのコスタニエビツァ修道院にあります。ブルボン朝の国王で唯一、フランス国内に埋葬されていないことから、フランスへの返還要求がなされましたが、現在のところ、実現していません。

ルイ・フィリップ一世（一七七三〜一八五〇年）の治世は、一八三〇年から一八四八年の二月革命までということになります。オルレアン家はそれまでパレ・ロワイヤルに住んでいましたが、これを機にチュイルリー宮殿に移り住みます。ルイ・フィリップは百科全書派の著作に傾倒していたので、フランス革命を支持していましたが、恐怖政治を逃れてヨーロッパ各国やアメリカに亡命していました。七月王政で即位した後は、一転して富裕層保護と民衆抑圧を続けた結果、ついには一八四八年の二月革命を招来しました。

ルイ・フィリップ自身によって促されたフランスの産業革命は、プチ・ブルジョワ層を増加させ、目覚めた人々は普通選挙を渇望するようになります。政府は選挙法改正には応じず、弾圧を続けます。そこに経済恐慌の波も襲いかかり、一八四七年以降、各地で選挙法改正を求める改革宴会が開かれるようになりました。一八四八年二月二十二日にシャンゼリゼで予定されていた改革宴会が禁止対象となったことから民衆が反撥。最初はデモやストライキでしたが、二十四日には武装蜂起が起こり、ルイ・フィリップは退位して英国に逃れます。民衆による革命の成功はヨーロッパ各国に飛び火し、自由主義を排斥したいわゆるウィーン会議以降の体制秩序は崩壊していきます。

ナポレオン三世

八月、一八四八年憲法草案が出され、十一月に可決されました。第二共和制の誕生です。大統領制を基本にしていますが、議会の議員と同じく、男子普通選挙で選ばれ、任期は再選なしの四年というもので、大統領の権限が著しく抑えられた内容でした。十二月、初代大統領に選ばれたのが、ナポレオンの甥ルイ・ナポレオンです。しかし、周知のように、ルイ・ナポレオンは四年の任期を全うするまえに、クーデターによって議会を解散して第二共和制に終止符を打ち、第二帝政を成立させました。一八五二年十二月二日のことでした。

ルイ・ナポレオンは新たな憲法を定め、国民投票で皇帝の地位に上りつめたのです。第二共和制下でも圧政だと感じていた民衆の心は議会から離れていました。ルイ・ナポレオンが支持された背景には人々の根強い議会への不信感がありました。だからというわけではないでしょうが、ナポレオン三世はオルレアン家の財産を没収して、労働者住宅を建てたり、相互扶助組合を作ったりして社会福祉政策にそれまでのどんな支配者より力を注ぎました。

ちなみに、ナポレオンとマリー・ルイーズの間に生まれた子どもは一八一五年六月にナポレオン二世となりますが、皇帝だった期間は二週間しかなく、王政復古を迎えました。頭脳明晰で高潔な人格を備え、将来を嘱望されましたが、結核のために二十一歳で世を去りました。それゆえ、ナポレオン一世の甥は「三世」ということになります。

王政復古や七月王政時代の建物は、と言えば、まずはコンコルド広場からロワイヤル通りの先に見えるマドレーヌ教会が挙げられるでしょうか。もともとはルイ十五世が聖女マドレーヌに捧げる教会として構想した建物が基礎工事まで済んだところで、革命期には工事が中絶。ナポレオン時代になって、軍の名誉を讃える神殿にプラン変更がなされ、古代神殿ふうのデザインで一八〇六年に工事再開されたのですが、ナポレオン失脚後、ルイ十八世がカトリック教会に用途を戻し、一八四二年に完成しました。余談ですが、二〇一九年五月、大型の郊外店舗を展開してきたスウェーデンの家具雑貨店のＩＫＥＡの小規模な支店がマドレーヌ教会の目と鼻の先にできました。東京で言えば、銀座か浅草にできたようなものです。

王政復古と七月王政を通じて、パリは周辺の地域を吸収合併し、人口も増加する一方でした。オートゥイユもモンマルトルもベルヴィルもラ・ヴィレットも一八四一年の法律でパリ市に組み込まれたのです。

イヴァン・コンボー著『パリの歴史』（小林茂訳。文庫クセジュ）に簡潔に書かれていることですが、パリが現在のパリの姿に変貌していった十九世紀、三人のセーヌ県知事がパリを変えていきました。シャブロル、ランビュトー、それにオスマンです。それぞれ道路名になっていて、シャブロル（Chabrol）通りは北駅の近く、ランビュトー（Rambuteau）通りはシャトレ・レ・アール附近、メトロ十一号線にランビュトー駅もあります。

オスマン（Haussmann）大通りは、メトロ九号線のサン・トーギュスタン駅かアーヴル・コーマルタン駅の近くで、オペラ座の北側に位置する大通りです。オスマン大通り百二番地に、一九〇六年から一九一九年までマルセル・プルーストが住んでいました。いまは銀行になっているその建物の入り口あたりに銘板があります。

シャブロル――パリと結婚した男

さて、順に見ていきます。ガスパール・ド・シャブロル（一七七三～一八四三年）は、一八一二年、ナポレオンの命でセーヌ県知事になります。以後、百日天下の間を除いて、一八三〇年までその地位にありました。

「シャブロルはパリと結婚した。余はその仲を裂くことは諦めた」とルイ十八世は言ったと伝えられます。フランス中部クレルモンフェラン近くのリオン（Riom）に生まれたシャブロルでしたが、パリの改造に積極的に取り組みました。バティニョル地区をはじめ、いくつかの地域で分譲地の払い下げをして不動産産業を育成し、百三十二もの公道を新しく作り、たくさんの道路や大通りの舗装や下水道の延伸をし、ウルク運河を完成させ、サン・マルタン運河とサン・ドニ運河の建設に着手しました。少しずつ街を明るくしていくことを考え、何本かの大通りや広場にガス灯を設置したのも、いくつものパサージュを作らせたのもシャブロルでした。

ランビュトー——「公衆トイレ男」

クロード・フィリベール・バルトロ・ド・ランビュトー（一七八一〜一八六九年）は一八三三年から一八四八年までセーヌ県知事を務めました。自分を指名したルイ・フィリップに、自分が第一にすべきこととしてランビュトーが挙げたのは、「パリの人たちに水と空気と木蔭を提供すること」でした。就任の前年、パリではコレラが猖獗をきわめました。ランビュトーは曲がりくねった狭い不潔な道路が疫病拡大の主因と考え、中心部で道幅の広い道路の開通に着手します。そのうち一八三九年に開通した道幅十三メートルの一本がランビュトー通りです。賑やかな通りですが、歩道が広く取られ、今でもゆったりと歩くことができます。

ランビュトーは単に道幅を広くしただけではなく、道路脇に木を植えて木蔭を作り、人々が休むことのできる公道にしました。シャンゼリゼ大通りが現在のように公園も含む広い道になったのはランビュトーの時代です。

パリ最初の鉄道は、現在のサン・ラザール駅のすぐ裏手にあるウーロップ広場とパリの北西にあるサン・ジェルマン・アン・レを結ぶ線で、ウーロップ広場に敷設されたプラットフォームは一八三七年八月の完成でした。パリからサン・ジェルマン・アン・レまで蒸気機関車で四時間の行程でした。

ランビュトーは一八四三年までに、パリの公道や公園に五百近い男子用公衆トイレも作りました。たちまちのうちにランビュトーと言えば公衆トイレを指すまでになったので、古代ローマに公衆トイレを設置したウェスパシアヌスの仏語名「ヴェスパジエンヌ」を公衆トイレの名前としたのですが、その後もさまざまな名前で呼ばれました。ヴェスパジエンヌは一九八一年十月以降「サニゼット」と呼ばれる銀色のコイン投入式自動洗浄トイレにとって代わられるまで、長らくパリの男子用公衆トイレとして用いられました。サニゼットの使用料は二〇〇六年二月に無料になりました。

モリス塔

ここでモリス塔のことも書いておきます。一八三六年から一八四八年までパリ警視総監を務めたガブリエル・ドゥレセールは、一八三九年、パリ市の公告などを張り出す「ムーアふう」の円柱の設置を許可します。円柱の内部は道路清掃用の道具置き場だったりトイレだったりしました。一八六九年、印刷業者のモリスがデザインしたオペラや演劇の公演ポスターを張り出す円柱が設置されるようになります。これがモリス塔と言われるもので、多くの文学作品や絵画で描かれました。

たとえばプルースト『失われた時を求めて』では主人公が少年時代、どんな芝居があるのか知りたくて駆けつけるという描写があります。当初は内部にトイレが設置されているタイプもありましたが、一八七七年以降は、基本的に広告ポスターはモリス塔、トイレはヴェスパジエンヌというように明確に分けられるようになりました。

モリス塔は今でもパリの街角に置かれていますし、ヴェスパジエンヌも地方都市では残っているものもあります。宮下志朗著『パリ歴史探偵術』(講談社現代新書)には、今でも残る円柱タイプのトイレや、シャンゼリゼの「マルセル・プルーストの散歩道」にある『失われた時を求めて』で何度も出て来る「緑色の」公衆トイレのモデルと思しきトイレが紹介されています。

治安と景観の観点から、シャブロルに続いてランビュトーもガス灯設置に心を砕きます。ガス灯と言えば、サン・テグジュペリ『小さな王子(星の王子さま)』に出て来る点灯夫が忘れられませんが、一八四八年にはガス灯の数はパリで一万に達しました。

ランビュトーの時代で忘れてはいけないものはまだあります。いくつか列挙しますと、

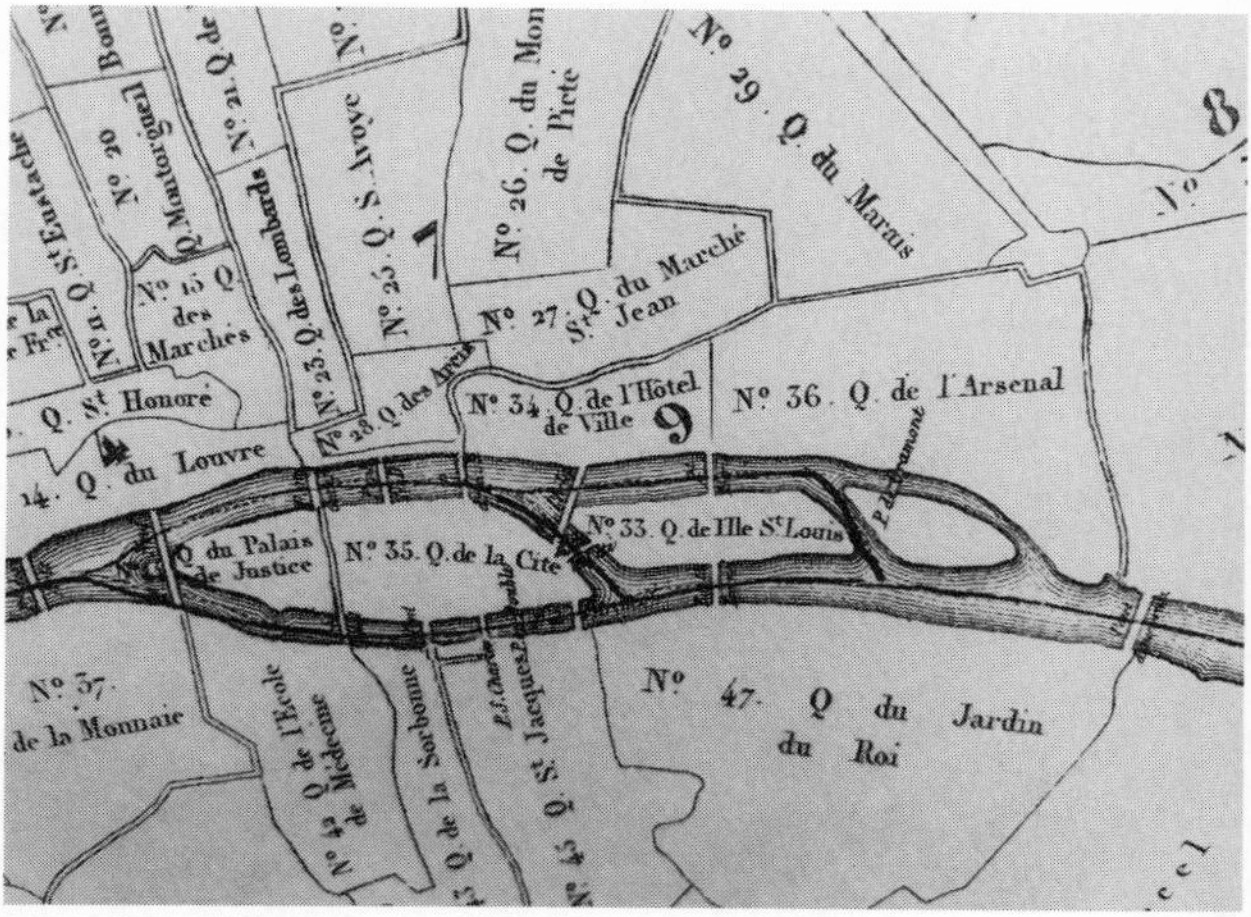

1835年の地図では、ルーヴィエ島がサン・ルイ島の隣にあるのがわかります（Petit Atlas pittoresque de Parisより）。

市庁舎の増改築、ルーヴィエ島の右岸との合併（サン・マルタン運河南端あたりからメトロ七号線「シュリー・モルラン」駅を結ぶモルラン通りはかつてセーヌ川の分流で、サン・ルイ島の南東側にはルーヴィエ島がありましたが、分流が一八四一年に埋め立てられた結果、右岸の一部となりました）、マドレーヌ教会をはじめいくつかの教会の完成、新たな架橋、井戸の掘鑿《くつさく》、二千にも及ぶ給水栓の設置、ヴァンドーム広場やバスチーユ広場、コンコルド広場の中央に建つ塔の完成というふうに、現在パリを訪れる人々が目にするものはシャブロルとランビュトーによって周到に準備されたということになります。

ランビュトーが二月革命に際して職を

辞したあと、ジャン・ジャック・ベルジェがセーヌ県知事になります。彼は皇帝となったナポレオン三世の思い描く大胆な都市改造に身を投ずることができず、結局一八五三年、オスマンに地位を譲ることになりました。オスマンは帝政が崩壊し、第三共和制になった一八七〇年までセーヌ県知事として劇的にパリを変えていきます。それについては章を改めることにしましょう。

17 第二帝政　オスマン大改造

パリを一変させた男

ジョルジュ・ウジェーヌ・オスマン、通称オスマン男爵は、一八〇九年パリに生まれ、一八九一年、パリで歿しました。

セーヌ県知事を拝命したときは四十四歳になったかならないかの若さでした。前任者のベルジェが五十八歳だったことを考えると、オスマンはまさに壮年であったからこそ臂力《ひりょく》を生かした改造ができたのではないかという気がします。

オスマンが分厚い『回想録』(一八九〇〜九三年)に記しているところによれば、オスマンは、道路大通り《ブルヴァール》とフリエドランド大通り《アヴニュー》の交わるあたりにあった館で生を享けたオスマンは、整備のために、自らの生まれた館を壊したそうですから、その都市改造が徹底的だったことが窺われます。もっともすべてがオスマンの計画だったわけではありません。一八五二年頃にナポレオン三世が書いた道路計画地図が残っていますが、それを見るとかなり大規模な計画で、最初にそれを示されたベルジェが資金の心配をしたのも宜なるかなと思われます。

オスマン大通りとラボルド通りが交わるところに、オスマンの像があります（K）。

オスマンはしかし、壮大な改造案に怯むことなく、ナポレオン三世の構想したパリ改造計画を実行に移して行きました。

それまで中央部ですらあばら屋が密集し、小路が多く、下水道設備も完備していない不潔な町だったパリを近代都市に変えるには、大がかりなスクラップアンドビルドが必要になります。一八五二年十二月の元老院令で土地の接収が簡略化され、多数の市民が移転を余儀なくされました。

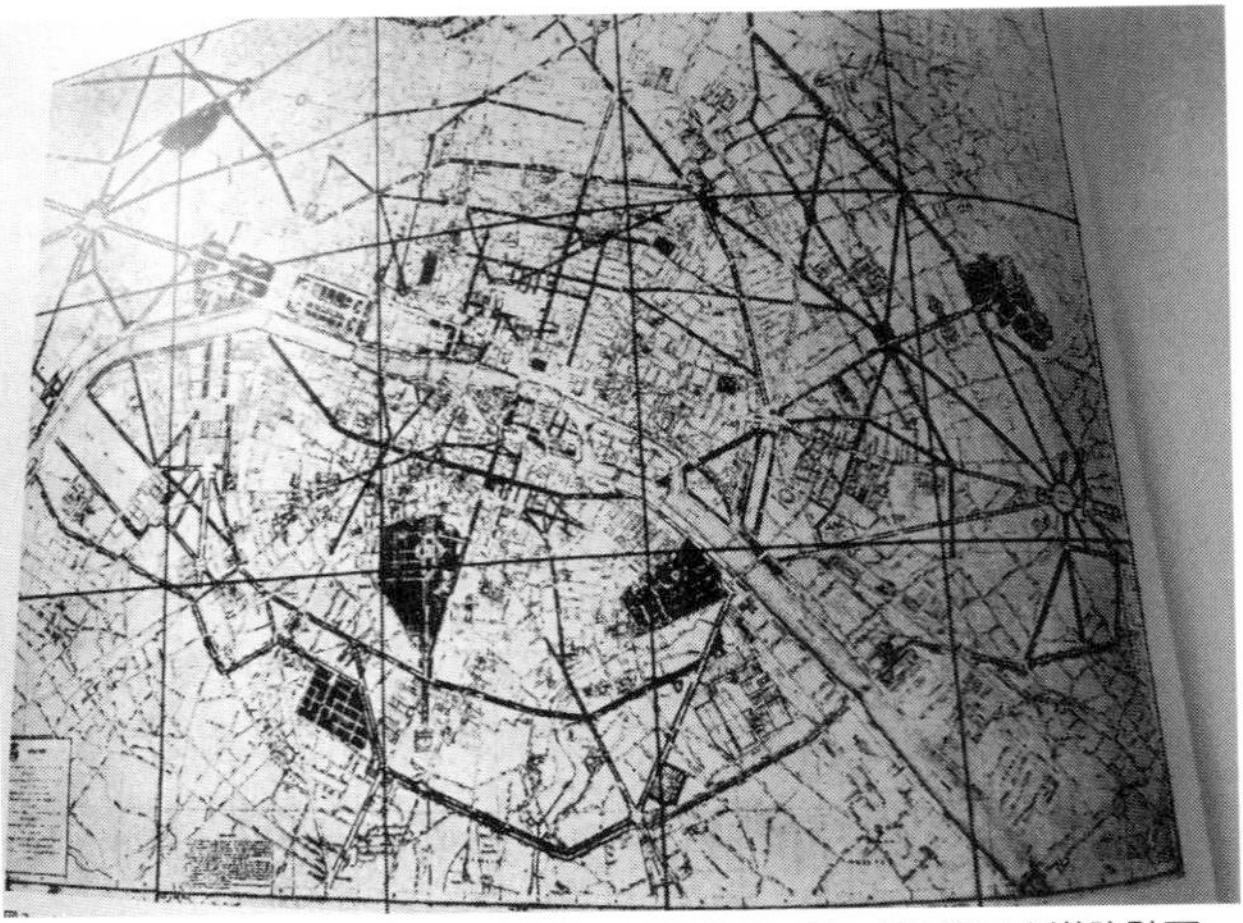

ハワード・サールマン著『パリ大改造』18頁より。黒い線が新たな道路計画。

ナポレオン三世とオスマンのパリの改造は五つの面に関わっています。すなわち、道路と建物と公園と駅と水道です。

『道路』

道路は細々とした路地を廃して、基幹となる幅の広い大通りを通すことが求められました。そのような道路があれば、行政の中心部や商業施設や病院などをそれぞれの地域の中心部と結ぶことになりますし、駅と各地域の往来もいっそう容易になります。それに、幅が広く歩道を十分に取った道は単にA地点とB地点を結ぶだけではなくて、それじたい買い物や食事や散策もできる自由な空間へと変貌を遂げてゆきます。オープンテラスのカフェやレストランは、広い歩道があるからこそ拡がって行ったのですし、私たちがパリの町を歩いていて、どこかゆったりした気分になるのは、そうした街路のあり方と深く結びついているのだろうと思われます。

具体的には、右岸の東駅から南に向かって、ストラスブール大通り、セバストポール大通り、パレ大通り、左岸のサン・ミシェル大通りを経て、リュクサンブール公園の東端をかすめてパリ天文台まで一本で繋ぐ道がそうですし、モンパルナス駅から北へ向かって、サン・ジェルマン・デ・プレ教会前を通るレンヌ通りはボナパルト通りを経て、マラケ河岸まで繋がっています。

東西を繋ぐ道も作られました。オスマン知事のもとで完成した、サン・タントワーヌ通りからリヴォリ通りまで繋げて、バスチーユからエトワール広場まで一気に結ぶ直線の道や、国会議事堂、ソルフェリーノ、リュ・デュ・バック、サン・ジェルマン・デ・プレ、オデオンといった駅、クリュニー美術館、モーベール・ミュチュアリテ駅を経て、サン・ルイ島を横切って右岸のアンリ四世大通りまで達するサン・ジェルマン大通りなどが挙げられます。

東西南北だけでなく、斜めの道もあります。一八六二年に着工し、一八七五年に落成を見たオペラ・ガルニエからパレ・ロワイヤルまで南南東に向かって斜めに走るオペラ大通りは、土地を接収して古い建物を壊して新たにできたものですし、オペラ・ガルニエの裏手あたりのオスマン大通りから北東方向に延びて北駅を左に見て、ジャン・ジョレス大通りまで繋ぐラ・ファイエット通りも同様でした。東西南北の幹線道路を斜めの道で結びつけたのも特徴のひとつで、その代表例がエトワール広場（シャルル・ド・ゴール広場）から放射状に延びてゆく大通りです。

少しずつつけ足すようにして道を作ってゆく方法ではとても不可能だった、パリの町の骨格をなす道路はナポレオン三世とオスマンのかなり強引な都市計画があればこそできたのです。マレー地区の入り組んだ道も風情があると思いますが、それでも、幅員があって、空が広く、一階でも方角が合えば太陽光が差し込む重厚な建物が建ち並ぶ大通りを歩いたり、バスで通ったりするのはパリを歩く大きな楽しみの一つです。

もちろん「負」の側面はあって、土地を接収され、住み慣れた家を壊された人々は、周縁地域に移り住まざるを得ず、中心部に住むブルジョワジーとの格差が顕著になりました。歌手のエディット・ピアフ（一九一五〜一九六三年）が生まれた二十区のベルヴィルあたりは二十世紀になっても、社会的に恵まれない人々が暮らしていました。まだ全線開通に至っていないトラム（一九九二年以降。第二部参照）が走る外縁の小環状線（Petite Ceinture＝小さなベルト）は、トラムが走る前のバス時代、旧市門を結んでパリを周回していました。

南の国際大学都市にいた頃、一度か二度そのPCと呼ばれるバスに乗ってパリを回ったことがあります。そのとき、場所によって乗客がまるで違うことに驚きました。裕福そうな婦人が乗ってくる界隈もあれば、アフリカ系の人々が多く乗り降りするところも、アジア系の人々が乗降する場所もありました。そのとき私は目には見えないとしてもパリは階級社会を脱していないのだと実感した次第です。地域による格差、生活水準の差はいまだ未解決のままで、出口は見えません。

ちなみに、本書で「大通り」と訳しているフランス語は、boulevard と avenue の二つです。形状からして例外と思われる通りもないわけではありませんが、原則として、ブルヴァールは「都市を囲んでいた城砦跡に造られた並木のある大通り」、アヴニューは「都会の建造物などに至る並木のある直線的な大通り」という違いがあります。たとえばサン・ミシェル大通りやセバストポール大通りやサン・ジェルマン大通りは「ブルヴァール」であり、オペラ大通りやシャンゼリゼ大通りは「アヴニュー」です。いずれにしても並木が植えられた大通りが一気に増えました。

凱旋門からブーローニュ東端のポルト・ドーフィーヌへ続く「アヴニュー・フォッシュ」はその典型で、道幅百四十メートル、並木と芝生を配した千五百メートルの道は当時は「皇后《アンペラトリス》のアヴニュー」と呼ばれたほど美しく、一八五四年の開通当時から、紳士淑女たちの格好の散歩道となりました。プルースト『失われた時を求めて』では、若い頃のオデットが、すでに帝政時代は終わっているのに、その通りをわざわざ当初の名前で呼ぶことで、帝政時代の雰囲気を醸し出しています。

『建物』

次に建物に移りましょう。

シテ島には二十もの教会や修道院があり、その間を埋めるように民家が軒を並べ、狭い路地が行く手を妨げていました。オスマンは、シテ島を公的な建造物だけで統一すべくそれらの民家や路地を取り壊し、大きな裁判所（最高裁）、大きな兵舎（のちの警察）、市立病院《オテル・デュー》、大聖堂、サント・シャペル、ポン・ヌフ、三角形のドーフィーヌ広場等の印象的な建物や橋でシテ島をすっきりわかりやすい場所にしました。

この時代にさらに拡がった前庭（二〇〇六年以降、「ヨハネ・パウロ二世広場」と呼ばれています）のお蔭で、ノートルダム大聖堂は他の教会とは違う存在、限られた教区の信徒のためだけではなく、もっと広汎な人々のために国家が用意した聖地として機能するようになります。アドルフ・ティエール、シャルル・ド・ゴール、ジョルジュ・ポンピドゥー、フランソワ・ミッテランをはじめ、何人かの大統領経験者の葬儀が大聖堂で行われたのはその点からも納得がいきます。

ヴィオレ・ル・デュクらによる修復は、一八四五年から一八六四年までかかりました。彼が目指したのは、一三三〇年のノートルダム大聖堂の復元でした。大聖堂を含むシテ島の整備は象徴的に現在のパリまで続く近代都市としての相貌を決定づけました。

オペラ・ガルニエもそれと並べていいかもしれません。完成こそ第三共和制時代の一八七五年ですが、これはまさにナポレオン三世とオスマンが目指した文化都市パリには欠かせない建物になったからです。設計はシャルル・ガルニエ。数々の賞に輝いた建築家です。モンテ・カルロのオペラ座やカジノの設計のほか、あまたの建物に関わっているだけでなく、作曲家ジョルジュ・ビゼーの墓（ペール・ラシェーズ墓地）や作曲家オッフェンバックの墓（モンマルトル墓地）などの設計も任されました。ガルニエの設計したオペラ座がどうして作られたか、オペラ大通りを通すことがなぜ喫緊の課題となったか。

一八五八年一月十四日、当時のオペラ劇場だったル・ペルチエ劇場のある通りを進むナポレオン三世の行幸の行列に、フェリーチェ・オルシーニ率いるテロリストが爆弾を投げ込みます。皇帝夫妻は奇跡的に助かったのですが、八人の死者と百四十人を超える負傷者が出ました。ナポレオン三世は、さっそく新しいオペラ劇場を作り、そことチュイルリー宮を直線的に結ぶ道路を通すことを考えます。治安上、爆弾テロに遭遇する危険性は可能

正面にオペラ座が見えます。オペラ大通りの工事が着工したのは、1876 年のことでした。

オペラ大通り。正面がオペラ・ガルニエ（T）。

な限り減じなければならないからです。それに、そもそも路地をなくし、見通しの良い道路を造るということがテロリズムだけではなく、民衆蜂起も困難にする方策だったと言えるでしょう。

オペラ・ガルニエのシャガールの天井画（T）。

コンペティションが行われ、シャルル・ガルニエが設計者として指名されることになります。最初の礎石が置かれたのは一八六二年のことでした。ルイ十四世の時代以降、王立・国立の歌劇団が本拠地としたのは、オペラ・ガルニエで十三代目になります。当初ガルニエのプランを見た皇后ウージェニーは、ギリシア風でもルイ十五世様式でもルイ十六世様式でもない劇場を批判しました。「これは様式などというものではありません」。ガルニエの答えはこうでした。

「ええ。この劇場がみずから時代を作って行くのです。ナポレオン三世様式という時代を」。

ずっとあとになって、一九六四年、天井画がシャガールの描いた音楽家たちの絵になりました。オペラ・

ボン・マルシェ百貨店の内部（T）。

ガルニエは巨大なバスチーユのオペラ座（一九八九年完成）より小さいのですけれど、幕間に天井画を見る楽しみもあり、今なお観客が詰めかけています。

ルーヴル宮殿にリヴォリ通りと並行に、リシュリュー翼とドゥノン翼がつけ足されたのも第二帝政の時代でした。ナポレオン三世は帝政時代にルーヴル美術館の収蔵品を数万点増やしています。ルーヴル美術館の隆盛のもとを作ったのもナポレオン三世だったのです。

正確には建物だけの話ではありませんし、都市計画ということではなく、経済の発展が促したのですけれど、百貨店の発展も第二帝政時代でした。十八世紀から百貨店の萌芽のような形態の店はありました。しかし、商業の発展と購買能力を備えたプチ・ブルジョワの増加は、もっと客を寄せつけ、商品を買わせる店を必然的に誕生させたのです。それは流通形態を大きく変えましたし、雇用も数多く創出しました。

一八五二年、ボン・マルシェ百貨店開業。現在も営業している品格のあるデパートです。

一八五五年、レ・グラン・マガザン・デュ・ルーヴル開業。一九七八年以降は、古美術品を扱う店が並ぶアーケード街になりました。

リヴォリ通りを挟んで市庁舎に隣接している写真右奥のドーム型の建物がBHVです。その右手が市庁舎です（I）。

一八五七年、バザール・ド・ロテル・ド・ヴィル。いわゆるＢＨＶ《ベー・アッシュ・ヴェー》開業。一八六六年以降、事業拡大。

一八六五年、レ・グラン・マガザン・デュ・プランタン開業。

一八七〇年、ラ・サマリテーヌ開業。ポン・ヌフの正面にありました。前述のように二〇〇五年閉館。二〇二〇年、複合施設として新規開業。

プランタンの隣に位置するギャルリー・ラファイエットは一八九六年の創業ですが、一八三四年創業のル・コワン・ド・リューは、一八六四年、パレ・ロワイヤルの東隣附近にあるモンテスキュー通り八番地の新築の建物に移って事業拡大しました。上に挙げた以外でも、ラ・ベル・ジャルディニエールや、フランスで初めてエレベーターを設置したヴィル・ド・サン・ドニなどが繁盛をきわめました。

建物に関してつけ加えるとすれば、窓の高さの統一に始まる外観の重視ということでしょうか。そのため、町を歩く歩行者の目も余分なストレスを感じなくて済むのですから。

『公園』

それまでのパリが路地の多い不衛生な町で、上下水道も完備せず、伝染病が蔓延する危険性が高いだけでなく、増え続ける人口に対処できるのびのびした空間にも事欠いていたことをナポレオン三世は憂慮していました。人口に比してゆったり吸える空気の絶対量が不足していたのです。

貴族の狩猟場だったパリ郊外のブーローニュの森と、ヴァンセンヌの森を公園として整備しただけでなく、シャンゼリゼに緑地帯を配し、ビュット・ショーモン公園（十九区）、モンスーリ公園（十四区）、モンソー公園（八区）を中心部からやや外れた地域に作りました。ブーローニュの森近くには、ロンシャン競馬場もできました。社交界の人々が集う場所が着々と姿を現したわけです。

健康に根ざしたゆとりある生活がパリという都市で始まりつつありました。健康志向の強い現代ではどの公園に足を運んでも、ジョギングをしている人たちや木蔭のベンチで休らう人々がたくさんいますが、そのことじたいがナポレオン三世の時代の欲求を谺《こだま》のように反映しているのかもしれません。

『駅』

首都と地方の流通と交通網の確立のために駅が整備されました。第二帝政時代に整備された鉄道駅はサン・ラザール駅、東駅、北駅、リヨン駅、オルレアン駅（現・オーステルリッツ駅）、モンパルナス駅の六つに及びます（オルセー美術館の地上部分が駅舎だったのは一九〇〇年から一九四五年ですから、ここには入りません）。

今では一大ショッピングセンターとして人気を集めるレ・アールは、もともと、ルイ六世時代から中央市場として機能してきました。第二共和制直前に改築が決まりましたが、政情の激変で遅々として進まなかったあげく、一八五一年に完成した石造りの頑強な一号棟がナポレオン三世の眼鏡にかなわず、壊されてしまいました。ナポレオン三世が思い描いていたのは、一八五一年のロンドン万博で話題となった鉄とガラスの「クリスタルパレス」のような建物だったのです。

オスマンの計らいで、壊された一号棟と同じ設計者が考案した鉄とガラスの「雨傘のような」建物が造られることになりました。レ・アールのパビリオンは六棟あり、オスマン在任中は四棟のみ。残りは一九四八年にようやく完成しました。しかし、一九六九年にはシャルル・ド・ゴールがパリ南郊のランジスに中央市場を全面移転することを決め、ガラスのパビリオンは取り壊されて、いまのフォーラム・デ・アールができました。細かな修復を重ねて現在に至ります。

『水道』

公共事業で忘れてはならないのが下水道です。アルフレッド・フィエロ著『パリ歴史事典』によれば、一八二五年には延べ二十三キロメートルもありませんでした。下水は処理をされずにセーヌ川に流れ込んでいましたから、一八三二年のコレラ流行を機に、そうした下水の改善と浄化装置の設置が急務とされました。暗渠《あんきょ》の建造が急ピッチで行われ、一八四〇年頃には、下水道の長さは九十六キロメートルに達します。一八五一年には高さが百八十センチメートルはある下水道が採用され、清掃業者の往来が楽になりました。一八五二年の布告で、下水道が設置されている道路に沿って新築する場合には、排水が下水道に流れこむよう設計することが義務づけられました。

そしてオスマン知事の時代が到来します。オスマンはウージェーヌ・ベルグランという天才的な水道技師の助言を得ながら下水道事業を進めることになります。セーヌ川の水は飲用に適さなくなっていたので、パリから百五十キロメートルほど離れた川を水源にして飲用とし、セーヌとウルク運河の水は飲用ではない水に用いる、下水道管と上水道管は同時に巨大な地下溝に通す、というのがベルグランのアイデアで、オスマンは早速その計画を実行に移します。ベルグランの上下水道管は今でも使われているというのですから、その先見性には舌を巻くほかありません。総延長は二千キロメートルを超えるそうです。

アルマ橋の左岸側にパリ下水道博物館（Musée des Égouts de Paris）があります。パリの地下に拡がる水道管網を数百メートルでも見られる場所として多くの観光客が押し寄せますが、二〇一八年から二〇二〇年前半までは修復工事のため閉館しています。

パリという都市は、ナポレオン三世とオスマンの大改造によって、他のどんな都市とも違う相貌を与えられました。パリの「区」がそれまでの十二から二十になったのは、一八六〇年一月一日でした。

一八六七年のパリ万国博覧会は、七回目の万国博覧会でしたが、藝術と産業の万国博覧会と位置づけられ、パリ改造の大半が終わっていたこともあって、来場者に第二帝政の栄光を如実に示す機会になりました。日本が最初に参加した万国博覧会で、徳川慶喜《とくがわよしのぶ》の弟の昭武《あきたけ》を団長とする遣欧使節団がナポレオン三世に謁見しています。使節団には渋沢栄一《しぶさわえいいち》もいました。宿泊先のホテルでエレベーターに案内されたとき、突然上昇しはじめたので驚愕したとか、江戸時代の日本から来た使節団の面々には驚きの連続だったことでしょう。

しかし、第二帝政はそう長くは続きませんでした。メキシコ出兵の失敗に加えて、一八七〇年の普仏戦争（プロイセン・フランス戦争）でプロイセン軍の捕虜となったことから囂々《ごうごう》たる非難を浴び、ナポレオン三世は失脚を余儀なくされました。片腕としてパリ改造に取り組んだオスマンも財政負担を重く見た反対勢力の批判を浴び、事態を収拾するために皇帝から出された罷免勧告を受け入れます。一八七〇年一月一日のことでした。

共和制を求める勢力が台頭し、第三共和制に移っていきます。

なお、ふだんそれほど採り上げられることのないナポレオン三世について正面から扱った鹿島茂著『怪帝ナポレオン三世』（講談社学術文庫）は、とびきり面白い本です。フランスでもこれだけ詳細で多岐にわたるナポレオン三世の評伝は少ないのではないでしょうか。

18 パリ・コミューン　第三共和制

ナポレオン三世降伏

少し遡ります。

一八七〇年七月十九日、ナポレオン三世はプロイセンに宣戦布告します。兵力の圧倒的な差、弾薬の不足等、不利な条件下では敗戦も免れません。皇后ウージェニーの勧めで彼女を摂政にして、病気を抱えたまま息子の皇太子ルイを伴って前線へ赴きます。八月頭にプロイセン軍との戦闘で敗北。パリへ戻ろうとしましたが、皇后の反対で、セダンの要塞へ軍を進めざるを得なくなりました。九月一日、要塞はプロイセン軍の激しい砲撃に晒《さら》され、ナポレオン三世はついに白旗を揚げます。翌二日は降伏文書にやむなく調印し、虜囚《りよしゆう》の身となりました。九月三日にはその知らせがパリに届き、四日には共和制の臨時政府が成立。皇帝廃位となったナポレオン三世と皇后と皇太子は結局英国に亡命します。

ナポレオン三世は一八七三年一月九日、英国で息を引き取ります。六十四歳でした。今では英国ハンプシャー、ファーンボローの聖マイケル修道院に、妻のウージェニーと、二十三歳で戦死した息子のルイとともに眠っています。フランスで最後の君主だったナポレオン三世ですが、シャルル十世の場合とは違って、フランス側は遺骨返還を求めることもありませんでした。

そうして第二帝政は潰えましたが、プロイセンの首相ビスマルクが提示した休戦条件

ガンベッタが気球で逃れたときの絵。ジャック・ギヨー&ジュール・ディディエ合作。カルナヴァレ美術館所蔵。

（後述）をフランス政府が拒否したため、休戦にはならず、いまだ戦争は継続していました。九月十九日、プロイセン軍はパリを攻囲し、市民たちは食糧にも事欠くようになります。とくに十一月に入って雪が降ると、市民たちは寒さと飢えを凌がなくてはなりませんでした。十月のはじめ、国防政府の一員だった共和主義者のレオン・ガンベッタは気球を使ってパリを脱出。地方における抗戦の先頭に立ちます。

プロイセン軍による攻囲戦は年明けの一月二十八日に休戦協定が発効するまで続きました。年末年始には、ビスマルクの指示により、パリに爆弾攻撃がなされます。飢えと寒さと恐怖に襲われた四ヶ月あまりの苦しい日々でした。パリが攻囲されている間の一月十八日、ヴェルサイユ宮殿鏡の間で、ドイツ帝国（第二帝国）の成立が公式に発表されます。皇帝になったのはプロイセン国王ヴィルヘルム一世です。

七十二日間の短命政権

攻囲が終わった一八七一年二月のフランス総選挙で平和を主唱していた王党派のオルレアン派が勝利し、アドルフ・ティエールが政府代表となって、同月、プロイセン側の要求する条件をすべて受け入れる講和仮条約に調印。五月十日にはフランクフルト条約で、正式の講和条約締結がなされました。アルザス・ロレーヌ地方の三県の割譲、パリ市に命じた賠償金の一部、二億フランの支払いも含め、総額で五十億フランの賠償金、一八七三年九月までのプロイセン軍のフランス国内駐留という条件を飲んだ第三共和制初代大統領ティエールの判断に人々の不満が募りました。

それがパリ・コミューンへと繋がって行きます。

三月一日、プロイセン軍がパリに入城してシャンゼリゼを三日の朝まで占拠。市民たちを激怒させます。三月十八日、市民たちは各所で蜂起。夕方には国民軍中央委員会がパリの統治権力を掌握します。三月二十六日、コミューン評議会の選挙が行われ、二十八日にはパリ・コミューン樹立宣言がなされました。史上初のプロレタリア独裁の政府でした。世に言う「パリ・コミューン」です。フランス革命時の政権もパリ・コミューンと呼ばれましたが、今度の運動は十九世紀最大の内乱として歴史を変えて行きました。

ティエール政府は一時ヴェルサイユに拠点を移しますが、四月二日、パリに対して攻撃

再建されたいまの市庁舎です。ときどき展覧会が催されます（1）。

を開始します。パリ・コミューン評議会と国民軍中央委員会の間で軍事面の対立をしていたため戦闘方針が定まっていなかったこともあって、五月二十一日、間隙を突いたヴェルサイユの政府軍はパリ市内に侵攻し、「血の一週間」として知られている大殺戮（最後はペール・ラシェーズ墓地での激闘がありました）の果てに、五月二十八日、パリ・コミューンを完全に鎮圧しました。パリ・コミューンは七十二日間という短命だったとはいえ、その後の労働運動や革命運動に与えた影響は計り知れないとされています。パリ・コミューン評議会が短期間で定めたことを列挙してみましょう。

共和暦の再採用。政教分離の評決。市民軍の設立。初等教育の非宗教化・義務化・無料化。それらを掲げたパリ・コミューンは、しかし、同時にパリ市民に多大の犠牲を強いただけでなく、いくつもの建造物の焼失という悲劇を招きもしました。本部を置いたパリ市庁舎も、チュイルリー宮殿も大蔵省も会計検査院も参事院も灰燼《かいじん》に帰してしまったのです。

空腹のパリ

少し時計の針を戻して、パリ攻囲についてもうちょっと述べておきましょう。ロミ著『悪食大全』に引用されているゴンクールの日記を引きます。一八七〇年十二月三十一日の記述です。高級精肉店を営むルースは十月にブーローニュの動物園「馴化園《じゅんかえん》」から「縞馬三頭、水牛一頭、その他六頭」を二千五百五十フランで買い取りますが、これがいい商売になったので、十二月二十九日にはやはり馴化園の二頭の象、カストールとポリュックスを二万七千フランで買いました。その象の話です。

興味をそそられたので、オスマン大通りにある英国人ルースの肉屋へいって来た。見なれぬ動物の皮があまた見られた。壁の中央に若きポリュックス、馴化園の象ポリュックスの鼻が皮を剝かれて掛けられている。得体の知れない肉や度肝を抜くような角《つの》のあいだに若い店員がいて、駱駝の腎臓を売っていた。

主人のルースは女たちの輪の中央でべらべらと長広舌をふるっていた。

「ヒレ肉と鼻肉は半キロ四十フラン。そう、四十フラン。脚？　ああ脚の値段を知りたいってことね？　二十フランですよ。それ以外は八フランから四十フランの間。ブーダン（血と脂のソーセージ）はおすすめですよ。象の血なんて知らないでしょう。一番濃いんだな、これが。心臓なんか十二、三キロあるんだから。わたしのとこのブーダンには玉葱《たまねぎ》だって入っているんですよ」。

私はブーダンを買う代わりに、明日の昼食用に、雲雀《ひばり》を二羽買い求めた。今晩ヴォワザンの店に行って、名にし負う象のブーダンに再会しよう。それが今日の晩餐だ。

猫も鼠も「肉」として売られていたことを示すデッサンもあるくらいですから、この攻囲の間、パリの人々がどれほど空腹を抱えていたかがわかります。パリ・コミューンはその後に来た内乱でした。

マルセル・プルーストは一八七一年七月十日、当時はパリ郊外だったオートゥイユの、ラ・フォンテーヌ通り（二〇〇四年以降は「ジャン・ド・ラ・フォンテーヌ通り」）九十六番地で生まれました。パリ・コミューン鎮圧から二ヶ月。母親は身の安全を考えて、市内から離れた叔父の家に身を寄せていて、そこでマルセルは生まれたのです。

一八七〇年に始まる第三共和制は、一九四〇年の対独協力政権のヴィシー政権まで続きます。

19 パリ万国博覧会

進歩の時代を象徴する

十九世紀を特徴づけるキーワードのひとつは「進歩」かもしれません。と言っても、主として技術的進歩に留まるのですが。

博覧会の起源としては、一七六一年にロンドンで開かれた産業博覧会が挙げられます。フランスでは、一七九八年に国内産業博覧会が開かれ、同様の催しが各国に拡がって行きました。産業革命で飛躍的な発展を遂げた技術を世界に知らしめ、これもまた十九世紀的な用語で言えば、国威発揚を目途とする機会と捉えられたのです。そうなれば、一箇所に各国の技術の粋を集めて広め合うことが重要視されます。国内博覧会が「国際」博覧会、つまり万国博覧会に変貌して行くのは自然の成り行きでした。

Palais de l'Industrie. (Exposition universelle de 1855.)

産業宮の内部です。

一八五一年、第一回万国博覧会がロンドンで開かれま

シャイヨー宮から見た夜のエッフェル塔（T）。

す。このときに、造園技師ジョゼフ・パクストンが設計した鉄とガラスの「クリスタルパレス」（水晶宮）は、レ・アールを造るときにナポレオン三世が参考にしたほか、その後の公共建築に多大な影響を与えました。万国博覧会は新技術のお披露目という面もあり、二年後の一八五三年、ニューヨークで開催された第二回万国博覧会では、エリシャ・オーチスが発明した落下防止装置附きエレベーターが話題となり、エレベーターの実用化の道が拓かれました（オーチス社は今でも世界屈指のエレベーター会社です）。

そして、一八五五年の第三回万国博覧会が開かれたのがパリでした。シャンゼリゼに隣接する会場には五百万人を超える来場者が押し寄せました。目玉のひとつがロンドンの水晶宮を意識して造られた産業宮でした。産業宮はその後、一九〇〇年のパリ万博に合わせて壊されて、現在のグラン・パレと科学技術博物館（発明宮）が建てられました。ボルドーワインの格づけが正式に始まったのはこの博覧会からです。

次にパリで万国博覧会が開かれたのは一八六七年。前に触れたように、日本がはじめて参加した博覧会でした。数寄屋造りの茶屋で、三人の柳橋《やなぎばし》藝者が煙管《キセル》をふかしたり独楽《こま》を回したりするさまが珍しく、大人気となります。ここまでがナポレオン三世の肝煎《きもい》りの万国博覧会でした。次回以降は共和制のもとで開かれます。

「白鳥の散歩道」から見たエッフェル塔（T）。

『一八七八年』

現在エッフェル塔を正面に見ることのできるシャイヨー宮のある場所に建てられた石造りの宮殿トロカデロ宮と、エッフェル塔のある場所に造られたシャン・ド・マルスのパビリオンが人気でした。トロカデロ宮は一九三七年のパリ万博の際、シャイヨー宮として建て替えられます。ドイツ帝国は招待されませんでした。日本も出品し、ジャポニスムはいっそう拡がってゆきました。

エッフェル塔

『一八八九年』

四回目のパリ万博はフランス革命百年を記念して、さまざまな案が出されました。三百六十六メートルの石の塔を造り、そのてっぺんからサーチライトのように回転する照明をつけるなどの案もあったのですけれど、結局コンペに勝ち残ったのはギュスターヴ・エッフェル（一八三二～一九二三年）の鉄塔でした。

エッフェルはもともとライン出身の家系で、ベニクハウゼン家の生まれです。父親はエッフェル・ベニクハウゼンと名乗っていましたが、ギュスターヴが成長する頃には「エッフェル」という苗字だけを名乗っていました。若い頃のギュスターヴは鉄橋などの建設を請け負っていましたので、その経験を生かしてのエッフェル塔だったと言えます。

鉄骨で造ったという点、あまりに高すぎて他の記念建造物を睥睨《へいげい》することになるという点が疎まれて、ずいぶん激しい反対運動が起こります。エッフェル塔が嫌いだった小説家モーパッサンが毎日、エッフェル塔に上って階上のレストランで食事をしたというのは有名な話です。パリで唯一、あの不愉快な代物を見ないですむ場所だから、とモーパッサンは言っていたようです。

しかし、今ではパリと言えば、ほとんどの人がエッフェル塔を想起するのではないでし

建築の過程がわかる写真です。

ようか。象徴としてのエッフェル塔。批評家のロラン・バルトはエッフェル塔ができてはじめて人々はパリの町を俯瞰《ふかん》する視点を持ち得たと言います。二年あまりで竣工したのも驚異的です。エッフェル塔の総工費のかなりの部分をエッフェルないしエッフェルの会社が調達したため、一九〇九年までは入場料はエッフェルのものになって、借金の返済に充てられました。エッフェルは最上階に私室を設け、さまざまな研究に勤しむことになりますが、この万国博覧会の際に、エジソンを最上階の私室に招き、エジソンからは蓄音機をプレゼントされました。現在では二人の人形とともに私室を見ることができます。

　人々は競うようにエッフェル塔に上り、五月の開業から年末までに二百万人が訪れました。一九〇九年にパリ市に譲渡して解体されると言われていましたが、エッフェル塔は電波塔として軍事面でも活用できることがわかり、二度の大戦を経て、今に至っています。二〇一七年には通算入場者数が三億人を超えたそうですから、エッフェルの先見の明は大いに讃えられていいと思います。

エッフェルが設計した他の作品には、デパートのボン・マルシェ、ニューヨークの自由の女神の鉄製の骨組み、パリのメトロのリヨン駅などがあります。

この年のパリ万博でもうひとつ書いておかなければいけないのは、日本画家久保田米僊《くぼたべいせん》の作品「水中遊漁」が金賞に輝いたことです。江戸時代の浮世絵だけでなく、当時の現代画家の作品も認められたのです。

アール・ヌーヴォーとアール・デコ

『一九〇〇年』

この年のパリ万博は盛り沢山でした。グラン・パレとプチ・パレ、それに、ロシア皇帝ニコライ二世から贈られたアレクサンドル三世橋、高さ百メートルの観覧車、動く歩道、エスカレーター、リュミエール兄弟による映画上映、サミュエル・ビングの「アール・ヌーヴォー」館、川上音二郎《かわかみおとじろう》と貞奴《さだやっこ》、法隆寺金堂《ほうりゅうじこんどう》模型、「世界一周旅行」と名づけられたパビリオン内の五重塔などがありましたから。サミュエル・ビングについては、次章でもう少し詳しくお話ししますが、この万博でビングが集めた工藝品のパビリオンの名称が「アール・ヌーヴォー」だったことで、エミール・ガレをはじめとする工藝家のスタイルじたいがその名で呼ばれるようになりました。パリのメトロの入り口の装飾を、一八九八年「カステル・ベランジェ」の建築で一躍有名になったアール・ヌーヴォーの建築家エクトル・ギマールが任されたのもこの年のことでした。

メトロ一号線（今では延伸されていますが、当初は万博と第二回オリンピック大会の見物客の移動を見越してポルト・ド・ヴァンセンヌとポルト・マイヨーの間を走りました）はこの年の七月の開通です。メトロ二号線もこの年の十二月の開業ですが、今の全線になったのは一九〇三年でした。

「カステル・ベランジェ」の正門。16区ジャン・ド・ラ・フォンテーヌ通り14番地にあります。モーツァルト通りも含めてこの附近にはギマールの作品が複数あります（T）。

『一九二五年』

この年の博覧会だけ名称が違います。「現代装飾美術・産業美術国際博覧会」で、アール・

時代を意識していないと批判された1925年の日本館の写真を載せておきます。

デコ様式が強調されたため、「アール・デコ博覧会」と言われることもあります。左岸のアンヴァリッド前の広場からアレクサンドル三世橋を渡って右岸のグラン・パレとプチ・パレまで、たくさんのパビリオンが建てられました。産業化と大量生産が進むなか、高級店やデパートもパビリオンを出し、富裕な客たちを集めました。創造から消費へと転換した時代を表した博覧会だったと言えるでしょうか。

　異彩を放ったのはモダン建築を代表するル・コルビュジエの「エスプリ・ヌーヴォー（新精神）」館でした。直線的で幾何学的なアール・デコのなかにあって、それよりさらに機能美を追求したル・コルビュジエの面目躍如たるパビリオンでした。日本館もありました。

『一九三七年』

ナチスが台頭しソビエト連邦が強大になる一方、スペイン内戦が続いていました。ピカソの「ゲルニカ」がスペイン館に展示されたのは戦争の悲惨さを訴えるためでした。ソビエト館とドイツ館とが向き合う形で配置されたのは象徴的です。フランス館は労働者のストライキがあり、万博開始までには間に合いませんでした。

トロカデロ宮がシャイヨー宮に変わり、パレ・ド・トーキョーが建てられ、二十世紀までのフランス美術を回顧する美術展が開催されました。その後、パレ・ド・トーキョーはパリ市立美術館と併設の美術関係の催事場として使用されています。新技術としてはラジオが採り上げられ、会場では光と水と音楽が効果的に使われました。いまのフランスでは、各地でSon et Lumièreと呼ばれる光と音の祭典が開かれ、最近ではプロジェクションマッピングも多く用いられるようになりましたが、それはこの万博に端を発していると言えるかもしれません。

20　ジャポネズリーからジャポニスムへ

浮世絵の衝撃

ジャポニスムという言葉は一八七六年が初出とグラン・ロベール仏語辞典には記されていますが、それ以前は一八五〇年にゴンクール兄弟が使ったジャポネズリーという言葉が「日本趣味」をあらわす言葉として用いられていました（一八八七年、ロチが用いたジャポヌリーも同じ意味です）。日本の調度品などを愛好する趣味を表す言葉です。プルースト「スワンの恋」で、高級娼婦オデットが住む家のサロンには、「絹の細紐で吊るされた日本の大きな提灯」が提げられ、ソファーには「日本の絹で織ったクッション」が置いてありますが、「スワンの恋」の時代は一八七九年頃とされていますから、まさにジャポネズリーが一般に普及した時期と言えます。

ただし、オデットのジャポネズリーは、シノワズリーと相並ぶものに過ぎず、つまり現代の私たちが北欧の家具やバリ島の調度品を部屋に置くのと大差ありませんが、美術家や批評家や画商たちにとって、日本の美術工藝、とくに浮世絵は自らの藝術観を革新する重要な契機になりました。それまで知らなかった藝術への傾倒が、藝術を好む人々へも伝わって行った風潮をジャポニスムという言葉で表したので、その意味ではロベール仏語辞典の「日本美術への嗜好や日本美術の影響」という語義説明はさすがに的を射ていると言えましょう。

要するに、美術工藝、それも浮世絵が中心にならなければ、ジャポニスムはシノワズリーと同じく、日本ふうの調度品や小物への愛好を示すだけのジャポネズリーかジャポヌリーで終わっていたかもしれないのです。むろん文学（ロチ『お菊さん』や俳句）や芝居（デュマ・フィス『フランシヨン』）や音楽（サン・サーンス『黄色い王女』、プッチーニ『蝶々夫人』）やファッション（kimonoから発して、それを纏《まと》うmousméという単語まで——かつてリヨンにあった日本のデパートの売り場には、部屋着としての「キモノ」ローブが何枚もハンガーラックに掛けられていましたし、たとえばエリック・ロメールの映画『海辺のポーリーヌ』〈一九八三〉で、アンリ役のフェオドール・アトキンが纏っているのも「キモノ」ローブでした。しかし、だからと言って、それらをジャポニスムの名で括るのは無理があると思います）の分野で日本が果たした役割や影響の大きさは承知の上で申し上げるのですが、浮世絵の衝撃こそがジャポネズリーをジャポニスムへと大きく変貌させた原動力になったのではないでしょうか。

本当のところはわかりませんが、よく言われているのは、一八五六年、画家・陶藝家・版画家・装飾デザイナーのフェリックス・ブラックモンが版元のところへ行ったとき、偶然に陶器の包装に使われていた北斎漫画の素晴らしさに目を開かれ、すぐさまその感動を友人のマネやドガやホイッスラーや批評家のシャンフルーリに伝えたことから、それまでは和傘とかキモノや提灯などの工藝品の国としてかろうじて知られていた日本の知られざる美術に対する熱狂的な讃美が生まれたというものですが、画家たち、多くは印象派かそれに近い画家たちが好んで日本ふうの題材を作品中に鏤《ちりば》めたことを考えれば、彼らの熱狂は大いに理解できます。ジャポニスム万歳と言いたいところですが、少し立ち止まって考えてみましょう。

ティソが1864年に描いた「入浴する日本人女性」。

昔、ディジョン美術館へ行ったとき、ジェイムズ・ティソの描いた「入浴する日本人女性」（一八六四）という絵を見て違和感と親近感を同時に覚えたことを思い出します。

ティソは遣欧使節の代表を務めた徳川昭武に絵を教えた人ですけれど、二十八歳の頃に描いたその絵は、ティソにしては珍しく裸身の若い娘が、日本髪に似せて髪を結い、袖丈の短い派手なキモノに腕を通して前をはだけ、素足でキモノの裾を内側から踏んでいるという不思議な絵で、何より顔が西洋の女性としか思われないところが見ていて落ち着かないのです。

しかし良く見ると、背景には障子が描かれていたり、花柄の屏風が置かれていたり、まるで花札の絵のようにたくさんの花が添えられたりしているのは、どこか懐かしさを覚えずにはいられないところがあります。キモノの模様もよくここまで描き込んだと感心します。

しかし、この絵をしばしばなされるように、ジャポニスムの代表的作品ととらえることに私は抵抗がないわけではありません。素材は日本のものを多く使いながら、「空想の日本」から一歩も出ない西洋画の描き方で、顔は西洋人の「日本人女性」というあたりが魚の小骨のように引っかかるのです。

その後のティソが日本の版画から多くを汲んで独自の作品世界を構築していったというのならジャポニスムの作品と言っていいと思いますが、そうでないとすれば（ティソはその後、屛風や日本の細工物を見つめる白人女性の絵も描きますが、しだいに美しい都会の風俗画から宗教画へと対象を変えて行きました）、これはエグゾチスム、異国趣味とどう違うのか。

モネの「日本の女」

もちろん、若きティソが他の画家同様、初めて知った日本の風物に驚嘆して、その讃歎の思いを画布に残したかったという心理はわかりますし、ある種の感動を覚えることは確かです。しかし、この絵をたとえばモネの「日本の女　日本の衣裳を纏《まと》ったモネ夫人」（一八七六）と比べると違いは歴然とします。

モネ「日本の女」。この絵は1876年の第2回印象派展に出品され、高値で売れました。現在ボストン美術館が所蔵しています。

タイトルこそ「日本の女」で、モネ夫人の髪は金髪の鬘《かつら》ではあるものの、無理矢理日本髪にしていません。ごく自然にポーズを取りながら、モデルの夫人と画家自身がどれほど日本のキモノと扇子や団扇や茣蓙《ござ》に魅了されたかが強く伝わって来ます。ここにあるのは異国趣味ではなくて、日本の美しい衣裳や小道具に心惹かれる画家夫妻の精神のありようです。ジャポネズリーの域を超えたジャポニスムがここにあります。

戸外の絵を多く描いたモネにしては珍しい絵ですが、日本人として見ても違和感がまったくなく、ひたすら美しいと思います。夫人が手にしている扇がフランス国旗とおなじトリコロールになっているのも微笑ましく感じられます。さすが二百三十枚以上の浮世絵版画を収集したモネ、と言いたくなりますが、同時代の画家たちもたくさんの版画を集めていました。先ほどのティソやマネやホイッスラーもそうですし、ロダンは二百枚近く、ゴッホに至っては四百枚以上所有していました。煩瑣を避けて逐一列挙しませんが、ほんとうに多くの画家が浮世絵の持つ美と力に共鳴し、自らの作品世界を拡げて行きました。

中には先ほどのティソの絵のようにジャポネズリーと呼んだほうがいい作品もありますが、異国趣味を超えて日本の浮世絵から学んだジャポニスムの画家たちの作品は、十九世紀後半から二十世紀初頭に掛けて、パリを席捲《せっけん》したのでした。とくにゴッホやホイッスラー、トゥールーズ・ロートレックのいくつかの作品はジャポニスムの記念碑的作品です。

サミュエル・ビング——ジャポニスムブームの火つけ人

ジャポニスムの隆盛には当時刊行された美術雑誌も大きな役割を果たしました。そのなかのひとつ、一八八八年から一八九一年まで四十冊刊行された月刊誌「藝術の日本」(Le Japon artistique)(美術公論社から翻訳が出ています)は前章で名前を出したサミュエル・ビングが刊行していました。ゴッホが初めて浮世絵を見たのは、ビングが経営していた日本の工藝品と美術品の店でした。

サミュエル・ビング。本名ジークフリート・ビングは一八三八年ハンブルクに生まれました。フランス陶器やガラス製品を輸入していた父親がパリに店を開いたことから、サミュエルもパリに来ます。普仏戦争後は日本美術の売買を始め、一八七五年に来日。あまたの美術品を購入しました。ベルギー王立美術歴史博物館の浮世絵四千点をはじめ、ヨーロッパの複数の美術館の日本美術コレクションはビングが仲介したものです。

一八九〇年、国立美術学校《エコール・デ・ボザール》で開催された浮世絵展は多大の反響を呼びました。ジャポニスムに火をつけた重要人物。それがビングでした。一八九五年、ビングはパリ九区のプロヴァンス通り二十二番地（現在は郵便局）に「メゾン・ド・ラール・ヌーヴォー」（アール・ヌーヴォーの家）という名の店を開き、浮世絵だけでなく、ルネ・ラリックやティファニーなどの工藝品も扱い、ジャポニスムとアール・ヌーヴォーの橋渡しをすることになります。一九〇〇年の万国博覧会で「アール・ヌーヴォー・ビング」館を出したことはすでに触れました。一九〇二年には国際装飾藝術展覧会に出品しますが、その後はそうした事業から手を引き、一九〇五年、他界しました。今はペール・ラシェーズ墓地に眠っています。

21　アール・ヌーヴォーの時代「ベル・エポック」

現代へと続く感性

アール・ヌーヴォーとはフランス語で「新しい藝術」の意味ですが、別の言い方がいくつかあります。「スティル・モデルヌ」「モダン・スタイル」「ユーゲントシュティール（ドイツ語で「青春様式」）」「ゼツェッション（オーストリアの分離派）」などがそうです。

工業化の進んだ十九世紀後半、藝術は工業デザインを生かしながら如何《いか》に生命力溢れる作品を作れるか。そうした課題を引き受けた藝術家たちはいきおい、伝統的な油絵ではなく、工藝品や建築、浮世絵がそうであるように複製可能なポスターや挿絵などの分野で、植物のしなやかな生命力を想起させる作品を生み出して行きます。イタリア語で「花のスタイル」を意味する「スティーレ・フロレアーレ（stile floreale）」がアール・ヌーヴォーの別名となったのも頷けます。

浮世絵の平面性や大胆で清新な構図は藝術家たちの想像力を刺戟しました。建築ではエクトル・ギマール、ポスターや挿絵ではジュール・シェレやアルフォンス・ミュシャ（チェコ語ではムハ）やトゥールーズ・ロートレックや英国のオーブリー・ビアズリー、高島北海《たかしまほっかい》の影響を受けたガラス工藝や装身具のエミール・ガレやサラ・ベルナールが好んだルネ・ラリックがアール・ヌーヴォーを代表する藝術家です。

ただし、ラリックはしだいに装飾過多とも言えるアール・ヌーヴォーから、もっと単純で実用的かつ幾何学的なアール・デコへと移って行きます。アール・デコは一九二五年様式とも言われるように、一九二〇年代から一九三〇年代にかけて流行した様式で、発祥の地はパリでした。すでに触れた一九二五年の現代装飾美術・産業美術国際博覧会に由来します。

同じ藝術の分野なので、アール・デコについてもここでざっと触れておきましょう。デコとはデコラティフ（装飾的な）という形容詞の略です。時代から言っても、アール・ヌーヴォーが「ベル・エポック（よき時代）」の時期だったのに対して、アール・デコは両大戦間で、しかも一九二九年の大恐慌を挟んだ動乱の時代だったこともあって、「フォル・エポック（狂乱の時代）」と言われる時期に当たっていました（そのうち、一九二〇年から一九二九年までを「狂乱の年代」les années folles と呼ぶこともあります）。ベル・エポックは諸説ありますが、基本的に十九世紀末から一九一四年の第一次世界大戦勃発までの日々を言います。美術界で言えば、印象派からキュービスムの時代です。

たとえばアール・ヌーヴォーのガラス製品が一点物で、富裕層に受け入れられたのに対して、工業化と関係の深いアール・デコは大量生産も可能なものを作り出します。ファッションの分野では、コルセットと過剰な曲線を排したポール・ポワレ、ポスターではカッサンドルやサヴィニャックやポール・コラン、アール・デコの影響下で建てられた建築物には、ニューヨークのクライスラービルやエンパイアステートビルなどのほか、わが国では、東京都庭園美術館（旧朝香宮邸《あさかのみや》）、伊勢丹《いせたん》新宿本店、学士会館等があります。

ベル・エポックで忘れてならないのは、自動車が馬車に取って代わりつつあったということと飛行機の発明（ライト兄弟の初飛行は一九〇三年です）です。パリのメトロも一九〇〇年以降順次整備されていきます。一九一四年にはパリ電気配給会社が開業。電話も遅々たる歩みながら契約者数が増えていきます。ベル・エポックは交通手段や通信手段の飛躍的進歩と技術革新に支えられた消費社会の幕開けでもありました。しかし、いったん世紀末に戻りましょう。

22　世紀末　ドレフュス事件　再びベル・エポックのこと

反ユダヤの冤罪

ヨーロッパの十九世紀末が、「世紀末病」という言葉で示されるような頽廃《たいはい》的な時代ではなく、精神的に豊かで、文化的に成熟していたことを論証したのが『ヨオロツパの世紀末』を書いた吉田健一《よしだけんいち》ですが、吉田が触れていない重要な事件がフランスの世紀末にはありました。それがドレフュス事件です。複雑な事件ですが、拙訳『失われた時を求めて』

第六巻解説に書いた説明と重複を恐れずなるべくわかりやすく纏めてみましょう。

事の発端は一八九四年九月でした。フランス軍参謀本部がパリ駐在のドイツ人武官シュワルツコッペンの家の塵箱《ごみばこ》から機密漏洩を疑わせる文書を入手したことから事件は始まりました。情報部はいい加減な調査をしただけで、筆跡が似ていなかったにもかかわらず、参謀本部附きのユダヤ人砲兵大尉アルフレッド・ドレフュス（一八五九〜一九三五年）を犯人と断定し、十月には逮捕に踏み切ります。本人は終始一貫して無実を訴えていたのですが、十二月には軍法会議で有罪を宣告されて、仏領ギアナ沖の監獄島に終身流刑の判決を下され、翌一八九五年一月には位階も剥奪されました。同じ頃、大統領にフェリックス・フォールが就任します。七月にジョルジュ・ピカール中佐（一八五四〜一九一四年）が参謀本部情報部長となりますが、このピカール中佐がドレフュスの無罪獲得と名誉回復に大きな役割を果たしました。

しかし、反ユダヤ主義を旗印に掲げたジャーナリズムは民衆が潜在意識として持っていた反ユダヤ感情に火をつけます。そこにはユダヤ人の大富豪ロスチャイルドと政界の癒着に反撥する国民感情もあれば、カトリック教会の反感や、普仏戦争で敗れたことに起因する対独嫌悪感等が絡み合っていました。事件発生当初は輿論《よろん》の大部分はドレフュス有罪を疑わなかったのです。

そんな状況の中、ドレフュス大尉の兄マチューは弟の冤罪《えんざい》を信じ、ユダヤ人ジャーナリストのベルナール・ラザールらと協力して、救援活動を始めます。

一八九六年八月、ピカール中佐はハンガリー生まれのフェルディナン・ヴァルザン・エステラジー少佐（真犯人）に対する疑惑を参謀総長ボワデッフルに報告します。十一月には兄のマチューが小冊子を出版して裁判の誤りを指摘しました。それにもかかわらず、同年十月にはエステラジーの上官ユベール・アンリ少佐が文書を偽造してドレフュスを有罪にしようとします。結局それが偽書と発覚したのは二年近く経った一八九八年八月のことでした。事件は解決に至るどころか、一八九七年一月には、真犯人を突き止めたピカール中佐がチュニジアに左遷《させん》されてしまうという事態になりました。

一八九八年一月、エステラジーは軍法会議で無罪を言い渡されて釈放され、正義の告発をしたピカール中佐が逆に告発されます。エステラジーは何と英国に渡り偽名で伯爵を名乗り、捕えられることなく生涯を過ごしました。

その判決の二日後、一八九八年一月十三日、急進派のクレマンソーやジャーナリストのラザールが編集顧問をしていた新聞「オーロール（曙）」紙に、『居酒屋』や『ナナ』の小説家エミール・ゾラ（一八四〇～一九〇二年）がフォール大統領に宛てた四千九百三語からなる長大な告発文「私は弾劾する」を発表し、大反響を巻き起こします（正義感と情理がほと

メトロ12号線ノートルダム・デ・シャン駅を出たあたりの小さな辻公園に立つドレフュス大尉の立像（K）。

ばしる名文です。『ゾラ・セレクション第十巻』〈藤原書店。二〇〇二年〉で読むことができます）。その翌日の十四日には、「知識人の宣言」が、プルーストらがアナトール・フランスをはじめとする「知識人」に依頼した署名とともに「オーロール」紙上に掲載されました。

ところが、正義感と勇気を振り絞って公開書翰というかたちで、軍の幹部を名指しで批判したゾラは軍から名誉毀損で訴えられます。二月二十三日、禁錮一年、罰金三千フランの有罪判決を受けることになりました。即刻上告したゾラに司法の壁は厚く、七月の再審でも同じ判決を言い渡されたので、ゾラはその日のうちにベルギー経由で英国に逃れました。反ドレフュス派の攻勢は激しさを増し、九月二十二日にはピカール中佐が逮捕され収監されてしまいました。八月、アンリの偽書が発覚し、その半月後、アンリは獄中で自ら命を絶ちました。

一八九九年二月フォール大統領が突然世を去りました。ドレフュス派のエミール・ルーベが大統領となりましたが、右翼に襲われたこともあって、ナショナリストと人権派との緊張は高まるばかりに見えました。しかし、第三共和制を主導してきた保守共和派政権が崩れ去り、左翼政権が成立します。その甲斐あって九月になってからですが、大統領によるドレフュスの恩赦《おんしゃ》が決まりました。最初から変わることなく無罪を主張してきたドレフュスが破毀院《はきいん》で実際に無罪を勝ち取ったのは一九〇六年七月のことです。同日、ピカール中佐も無罪になり、旅団長に任じられました。

十九世紀末のフランス社会を二分したドレフュス事件は、ジャーナリズムと輿論の力が台頭してきた時代に起こったというだけでなくて、反ユダヤ主義や極右勢力が政治を動かしうることを示した出来事であるとともに、軍部内の共和化、非政治化、政教分離が進む大きなきっかけとなる事件だったと言えます。ベル・エポック、よき時代のよからぬ事件としてパリを騒がせたのがドレフュス事件でした。ごく最近になって、新たな解釈を提示する研究が発表されました。事件の真相の究明はまだまだ続きそうです。

世界最初の有料映画もパリで

ベル・エポックの時代の特筆すべき出来事は、一九〇〇年のパリ万博のところで言及し

この中央に「モナリザ」は展示されていました。

たブザンソン出身のリュミエール兄弟が映画（シネマトグラフ）を発明して、パリで世界最初の映画の有料公開をしたことでしょうか。一八九五年十二月二十八日、リュミエール兄弟はエジソンのキネトスコープ（少しずつ変わる写真を貼りつけた円盤を回し、それをのぞき穴から見る）をさらに発展させ、観客たちがスクリーン上で同時に同じ映像を見られるシネマトグラフ用に撮影した「列車の到着」「リュミエール工場の出口」「水をかけられた撒水夫」など十本の作品を公開して大評判となりました。映画はこの日、パリのカプシーヌ大通り十四番地にあった「グラン・カフェ」の「サロン・アンディアン」で誕生したのです。入り口の右上にその旨を記した表示板が貼られています。現在はホテル・スクリーブ・パリ・オペラ内のカフェ・リュミエールになっています。一八八八年創業のオランピア劇場（カプシーヌ大通り二十六番地）の近くです。

一方、変わった事件もありました。「モナリザ」がルーヴルから盗まれたのです。盗難が発覚したのが一九一一年八月二十二日でした。二年後にイタリアで発見されるまで、パリの新聞は毎日のように「モナリザ」について書き立てました。果ては世界中の観光名所の写真のどこかに「モナリザ」の写真を合成して、「いまモナリザはここに」とキャプションのついた絵葉書が大いに売れたそうです。

一九一三年、マルセル・プルーストは『失われた時を求めて』第一篇「スワン家のほうへ」をグラッセ書店から自費出版します。全三篇の予定だったのが、一九一四年大戦勃発のため、出版は休止。そのために作品は膨大に膨れあがります。「スワン家のほうへ」新版と第二篇「花咲く乙女たちのかげに」が刊行されたのは戦後の一九一九年。出版社もガリマール書店に変わっていました。一九二二年にプルーストは世を去りますが、最終第七篇が完結したのは、一九二七年のことでした。

パリに洪水はつきもの

ちょうどプルーストが大作に没頭している頃の一九一〇年のことですが、パリの街は歴史的な洪水に見舞われました。セーヌ川はしばしば洪水を引き起こしてきました。アレクサンドル三世橋から下流方向に数えて二本目のアルマ橋の橋脚には、ズアーヴ兵士の立像

ズアーヴ兵士の立像。

があります。

ズアーヴ兵というのは、おもにアルジェリア人で編制されたフランス軍の歩兵隊です。その像のどこまで水位が上がったかを増水の目安にしていることがあります。足までならセーヌの岸辺の通行は禁止されますし、腿まで来たら船の運航が禁じられます。ところが一九一〇年一月の大洪水の際は、顎の下まで水位が上がりました。かなり広範囲まで水は達し、被害は甚大でした。コンシエルジュリーの衛兵部屋やアレクサンドル三世橋の橋脚などパリの各所にそのときの水位を示す印がついています。交通も遮断され、復旧までにはかなりの時間がかかっただけではなく、猩紅熱《しょうこうねつ》や腸チフスなどの伝染病が蔓延しました。これもベル・エポックの好ましからざる出来事でした。

地震のないパリですが、洪水だけは避けられないようで、二〇一六年と二〇一八年にも大きな洪水があり、ルーヴルの低層階の展示室が閉鎖される事態になりました。余談めいた話を書いておきますと、サン・ミシェル界隈にあるカヴォー・デ・ズブリエット（「地下牢のシャンソニエ」）というシャンソン酒場は名前のごとく入り口から地下に入ったところにあるのですけれど、さらに案内されて地下に下ると、階段脇の壁が昔の地下牢跡になっています。

1910年の洪水時のパリのサン・ラザール駅と駅前広場です。

わざとらしく骸骨などが置いてあるのですが、案内役によると、昔、ここの地下牢に入れられた囚人はセーヌが氾濫しても出られず、そのまま溺死《できし》したというのです。ことの真偽はわかりませんが、少なくともセーヌ川の氾濫は決して珍しいことではなかったらしいと、それを聞いた私などは思ったものです。なお、パリの洪水については、佐川美加著『パリが沈んだ日セーヌ川の洪水史』（白水社）が必須文献です。関心をお持ちの方はぜひお読み下さい。緻密な研究書ですが、同時にすぐれたドキュメンタリーでもあります。

バレエ・リュスと「洗濯船」

さて、洪水とは関係がありませんが、もうひとつこの時代と言えば必ず言及されるバレエ団について触れておきます。一九〇九年、パリのシャトレ座から出発し、大戦を挟んで一九二九年に解散するまで、つまりはベル・エポックと「狂乱の二〇年代」を駆け抜けたバレエ・リュスです。『失われた時を求めて』にも言及があります。

ロシアのバレエを意味するバレエ・リュスを立ち上げたのはロシア出身の演出家ディアギレフですが、そこにフォーキンやニジンスキーなどの振付師兼ダンサー、ドビュッシー、ストラヴィンスキー、エリック・サティ、ラヴェルといった音楽家、レオン・バクスト、マティス、ルオー、ピカソ、ブラックなどの画家、台本のコクトーといった多士済済な藝術家たちが参加しました。当初はシーズンだけの興行だったのを一九一一年からは「バレエ・リュス」という劇団を旗揚げしたことで、一年を通じて興行ができるようになりました。

とはいえ、大戦が始まると、ロシア人の団員が自由に行き来できなくなります。一九一四年六月のオペラ座公演以後は、一九一七年五月のシャトレ座の公演まで、アメリカやスペインなどを巡業していて、パリには戻りませんでした。一九二〇年以降はパリに本拠を構え、公演を続けました。バレエ・リュスがモダンバレエに与えた影響は絶大ですが、フアッションや舞台藝術の分野でも、あまたの藝術家たちに霊感を与えました。

ディアギレフがそうであったように、二十世紀前半、パリは藝術家たちを世界各国から引き寄せる磁力に満ちている都市でした。大戦後、一説には五百人近い日本人の画家や画学生がパリに暮らしていたと言いますから、その磁力の強さには驚くほかありません。

「洗濯船」のあった広場は以前「ラヴィニャン広場」でしたが、今は名前が変わりました（T）。

「洗濯船」はそのように外国からパリに引き寄せられたエコール・ド・パリの画家たちが住んでいたことで有名です。

一八八九年、モンマルトル近くのエミール・グードー広場十三番地の家を大家が画家のアトリエ用に改築します。一八九二年、最初の画家が住み始め、ゴーギャンもそこに出入りするようになります。イタリアとスペインの画家が住むようになって、一九〇四年、ピカソが住みつきました。青の時代が終わって薔薇色の時代に入ったピカソは一九〇七年にはそこでキュービスムの最初の作品

「アヴィニョンの娘たち」を描き上げるのですが、やがて、ヴァン・ドンゲンやモディリアーニ、作家のピエール・マッコルランや詩人のマックス・ジャコブもやって来ます。税官吏ルソーを励ます会をピカソが自分のアトリエで開いたことはよく知られています。

マックス・ジャコブがその家を「洗濯船」と名づけます。セーヌ川にあった洗濯船を思わせるから、という理由でした。第一次世界大戦が始まると、画家たちはしだいに左岸の十五区、ジョルジュ・ブラッサンス公園の西隣にあるパサージュ・ダンツィグ二番地の集合アトリエ兼住宅の「ラ・ルーシュ（蜂の巣）」というアール・ヌーヴォー様式の建物を根城とするようになりました。「洗濯船」は一九七〇年に火災に遭い、今では正面部分だけが資料展示の場所として残っています。

パリにはこうした藝術家村とでも呼びたい場所がいくつかあり、そこに来るのはまだ世間に知られる前の画家だったりしました。ラ・ルーシュには、スーチン、マリー・ローランサン、シャガール、レジェ、そして「洗濯船」にいたモディリアーニなどが吹き寄せられるようにやって来ました。しかし、そんなパリも戦渦に巻き込まれます。

23 第一次世界大戦

未曾有の規模

一九一四年六月二十八日、ボスニアのサラエボを訪問していたオーストリア皇太子夫妻が、セルビアの青年によって暗殺されます。一ヶ月後、オーストリアがセルビアに宣戦布告しますが、そこから次々に連鎖反応のように戦争当事国が増えていきました。

セルビアの後ろ盾となっていたロシアがオーストリアやドイツへの示威《じい》として総動員令を出すと、八月一日にはオーストリアを支援していたドイツがロシアに宣戦布告。二日にはドイツとフランスが開戦。四日、中立国のベルギーにドイツが侵攻し、英国はそれを理由にドイツに宣戦布告します。

十一日にはフランスがオーストリアに宣戦布告。日英同盟を結んでいた日本も同盟を理由に、八月二十三日に参戦しました。燎原《りょうげん》の火のごとく、あっという間に戦火は拡がったのです。ただし、アメリカがドイツに宣戦布告したのは国交断絶をした約二ヶ月後の一九一七年四月六日でした。

八月一日、フランスでは総動員令が出されます。パリ市内では、店舗の営業時間やメトロの運行時間が短縮され、配給が始まります。ドイツ軍の軍靴の響きはパリにも届くようになっていました。九月二日、パリから四十五キロメートルの町サンリスにドイツ軍が侵攻します。抵抗したというので市長以下数名が銃殺され、手榴弾《しゅりゅうだん》でかなりの建物が破壊さ

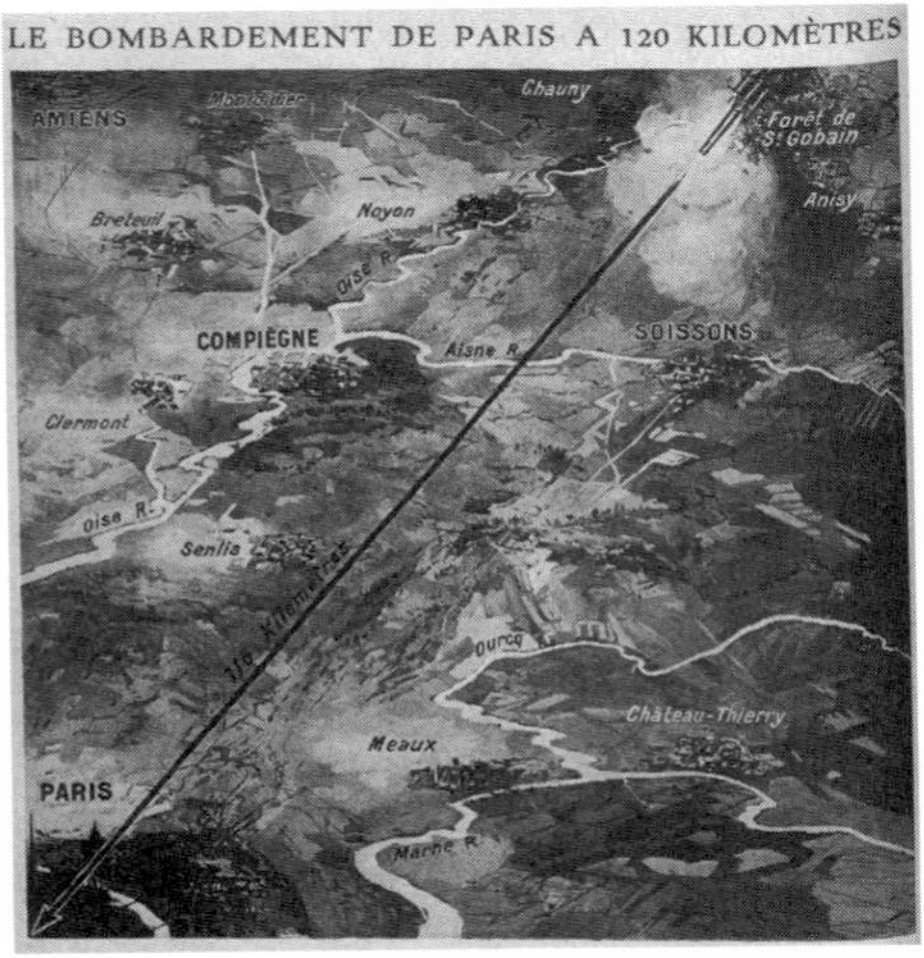

サン・ゴバンの森から発せられた砲弾は一説には120キロメートルの距離をわずかな時間で飛んだと言います。当時の新聞に載ったイラストです。

れました。四十五キロメートルと言えば、ほぼ東京と鎌倉の距離ですから、すぐ目と鼻の先という感じでしょうか。政府は一旦パリを離れてボルドーに統治機能を移します（秋深くなってパリに戻りますが）。富裕層を中心に、あまたの人々がパリを離れ、ルーヴルの美術品の多くはトゥールーズに運ばれました。

九月六日、戦況に決定的な影響を与え、ドイツ軍にフランス攻略を諦めさせたマルヌの戦いが始まりました。当時の戦闘はいくつもの部隊に分かれた敵同士が各地で繰り広げるという形で行われていました。フランス軍が劣勢になった戦地に、兵士と弾薬を届けたのが六百三十台ものパリのタクシーでした。もちろん、タクシー側の自発的協力ではなく、軍の命令だったのですが、この意表を突く作戦がフランス軍の士気を高め、勝利に結びついたと言われています。九日、ドイツ軍司令部は全軍撤退を決め、ここにドイツのフランス侵攻計画は頓挫し、以後、戦争は長期化して行きます。銃器や戦車などがより威力を増した結果、そうした攻撃から身を守りつつ、好機を窺《うかが》って、すぐさま反撃に出ることのできる塹壕《ざんごう》を何百キロメートルも延々と掘って戦う方式へと変化したことがその背景にあります。

パリの市民たちは、その点では銃後にありましたが、安閑《あんかん》とはしていられませんでした。一九一四年八月三十日、マルヌの戦いの前にすでに、ドイツ軍は単葉の軽飛行機タウベ（ドイツ語で「鳩」の意味です）から三キログラムの空中投下式機雷《トルピーユ》を五つパリに落としていたからです。タウベによる爆撃は一九一五年三月以降はツェッペリン飛行船からの空爆に変わりました。タウベの初飛行は一九一〇年でしたが、ライト兄弟が初めて空を飛んでわずか七年で軍用機として使用できる飛行機ができていたことには驚くほかありません。

つねに空爆されたわけではなく、対空砲で撃退もしていたのですが、それでも、いつ爆撃されるかわからない四年数ヶ月という時間は、限りなくつらいものだったに相違ありません。大戦末期には爆撃機ゴータによる空爆だけでなく、遠方から大砲で砲撃する攻撃も数多くありました。

フランス語の bombardement《ボンバルドマン》という単語は、砲撃と空爆のどちらも表しますが、一九一八年三月二十九日、市庁舎の東隣のサン・ジェルヴェ教会を破壊して九十人あまりの死者を出したbombardementは、サン・ゴバンの森（パリの北東百二十キロメートルのところに位置する）に据えられた大口径の大砲から発せられた砲撃によるものです。大砲の威力が距離を消し去り、パリも戦地と化したのでした。

深い傷痕

フランス各地では続々とドイツ軍のbombardementで建物が破壊され、犠牲者も増えて行きます（たとえばRERのリュクサンブール駅入り口近く、サン・ミシェル大通り八十一番地には、「一九一八年一月三十日、ドイツ空軍によって爆撃された」という標示板がありますし、メトロ一号線サン・ポール駅近くの、今ではEramという店があるリヴォリ通り十二番地には「一九一八年四月十二日、ドイツのトルピーユ〈空中投下式機雷〉によって二十七名の死者、七十二名の負傷者が出た」と書かれた標示板があります）。そもそも戦闘じたいが塹壕戦と砲撃・空爆ですから、表に出ない犠牲者も少なくなかったはずです。一九一六年二月から十二月まで続いたヴェルダン要塞を巡る戦闘では、敗れたドイツ軍が四十三万人の死傷者、勝利したフランス軍が五十四万人の死傷者を出しました。近代の最大の消耗戦の一つですが、これから二十年少しで次の大戦が始まったことの意味を考え続ける必要はあるでしょう。

この大戦は、市民に対する無差別爆撃が続けられたという点でも、また、ドイツ軍がべルギーで毒ガスを用い（一九一五年四月）、フランス側も直ちに毒ガスを開発してドイツ軍に対抗したという点からしても、非人道的な度合いが（もちろんすべての戦争は非人道的だと言うべきですが）一気に高まった戦争だったと言えます。

これはパリに限りませんが、戦時中は食料品や生活物資が不足したために、火曜日は肉のない日と定められたり、電気やガスも制限つきの配給となったりして、庶民の不満が高まりました。物価も上がり、生活そのものが苦しくなります。一九一六年と一九一七年には大規模なストライキが起こったのは当然でした。一九一七年から一九一八年にかけての冬にはスペイン風邪が大流行して、パリだけでも数千人が命を落としたと言われています。

結局、フランス軍は第二次世界大戦時の犠牲者より多い百四十万人の死者を出しました。それだけに、一九一八年十一月十一日の休戦協定は多くの人を安堵させたことでしょう。休戦協定は十一日の午前五時、パリ北東七十キロメートルのところにあるコンピエーニュの森に停車した列車の中で調印され、午前十一時にすべての戦闘を停止するよう全指揮官に電報で知らされました。今では休戦記念日（アルミスティス）として、戦没者を追悼する休日となっています。

翌一九一九年六月二十八日、ヴェルサイユ宮殿鏡の間で講和条約が締結され、アルザス・ロレーヌ地方がフランスに返還されました。ドイツは海外植民地を失い、多額の賠償《ばいしょう》金《きん》を支払う義務を負い、軍備も制限されました。そのことに対する恨《うら》みに近い感情が、十数年後にナチスを支持することになるドイツ人の心底にあったことは否めないかもしれません。国家同士の争いではなくて、二大勢力の戦いであり、そのどちらかに属する各国家はそれぞれの利益を最優先しながらも、広汎な戦場で、ときには敵の姿がはっきり見えないままで戦わざるを得ない塹壕戦で消耗していったのです。

ただ、どんなものもすべて負の面だけということはありませんから、この大戦を契機としてのちに大きな発達を遂げたものとして挙げなくてはならないのは自動車産業と航空機産業、それと、これは負の側に入れておきたいのですが、兵器産業でした。現に、先に言及した飛行機タウベのエンジンの大半はメルセデス社が製造しましたし、複葉の大型爆撃機を製造したゴータ社は鉄道車両製造業から飛行機産業に参入した会社でした。

この章の最後に、本を一冊推薦しておきたいと思います。大橋尚泰著『フランス人の第一次世界大戦――戦時下の手紙は語る』(二〇一八)。当時戦争に加わった兵士やその家族などの大量の葉書を実際に読み解いて、「フランス人にとっての」第一次世界大戦とは何だったかを考えた力作です。絵葉書や写真附き葉書もそのまま載せているので、写真資料としても貴重です。

24 狂乱の時代から第二次世界大戦へ

ダンス大流行

戦争は終わったものの、社会的かつ経済的混乱は消えませんでした。物価は急上昇し、しかも依然として食糧統制が続き、多くの失業者たちはデモやストライキによって抗議の意志を表しました。

一九一九年一月には、先述のズアーヴ兵士の立像の手が隠れるほど、セーヌ川が増水します。地域によっては道路が冠水。日本で言う床上浸水になった家屋もたくさんありました。

一方、フランス最大最高の文学賞と言われるゴンクール賞に、マルセル・プルースト『失われた時を求めて』第二篇「花咲く乙女たちのかげに」が選ばれました。従軍していた作家ロラン・ドルジュレスの戦争小説『木の十字架』を抑えての受賞でした。百年後の二〇一九年のフランスの出版界はその回顧特輯《とくしゅう》で持ちきりでした。

そして「狂乱の時代」が到来します。

両大戦間のこの時代に流行したのはダンス、それもニューオーリンズのジャズとアルゼンチンタンゴに合わせて踊るダンスでした。食事を提供し、楽団がいてダンスフロアもある店が増えてきます。フランス語では「ボワット・ド・ニュイ（夜の箱）」と呼ばれる店です。ナイトクラブやキャバレに近いと考えればいいでしょうか。

有名なのは、ダリウス・ミヨーの曲の名前をそのままつけたジャン・コクトー肝煎りの店「ル・ブフ・シュル・トワ」（「屋根の上の牛」。移転を繰り返し、今ではシャンゼリゼ大通りのロン・ポワンに程近いコリゼ通り三十四番地にあります）などですが、「マキシム」のように二階にダンスフロアを設けているレストランもありました。

一九三〇年代には、オペラ・バスチーユ近くのラップ通り九番地に今もある「バラージョ」などの大衆的なダンスホールが人気を博しました。モンパルナス大通りの有名なカフェ兼レストラン「ラ・クーポール」には三拍子のダンス音楽ジャヴァに合わせて踊れるダンスフロアがありましたし、九区のフォーブール・モンマルトル八番地にいまもある「パラス」はミュージックホールとしても大成功を収めました。すべて一九二〇年代から三〇年代にかけて一世を風靡《ふうび》した店として、今に引き継がれています。

第一次世界大戦の間もパリではコンサートやオペラや演劇が上演されていました。ただし、演目は愛国心を煽《あお》りたてるものが多く、それだけに鬱屈《うっくつ》を感じていた人々が、戦後、ダンスやジャズやタンゴに夢中になったのだと思われます。

その時代に生まれたスターを一人だけ挙げるとすれば、ジョゼフィン・ベーカー（一九〇六～七五年）でしょうか。ベーカーが登場する前の流行は、一九一九年以来、ギャルソンヌを女性形にしたギャルソンヌのファッションでした。ロミ『乳房の神話学』によれば、パリジェンヌたちも一時は髪をショートにし、膨らみを抑え、ローヒールを履くという流行に走りました。しかしそんなファッションはすぐに飽きられ、ふたたび豊満さが求められ始めたときに、腰からバナナを下げた「黒いヴィーナス」ジョゼフィン・ベーカーが登場したのです。

デビューは一九二五年、シャンゼリゼ劇場の「レビュー・ネーグル」ですが、すぐにベーカーはパリの名士が集うミュージックホールのフォリー・ベルジェールに出演することになって、話題と人気をともにさらうことになります。翌年の夏、フランスの女性たちが海浜で肌を焼くようになったのは、ベーカーに憧れたからだと言われています。今でもフランスの海水浴場で絵葉書を買おうとすると、「肌を焼いた」(bronzé) 男女の写真がよくありますが、ベーカーに触発された「肌を焼く」習慣がベーカーの頃ほどではないにしてもいまだ続いていることを実感します。

生活の近代化の蔭で

この時代、ダンスと並行して人々が通ったのが映画館でした。一九三〇年代にトーキー映画が広まると、映画人口は一気に増加しました。ある統計によると、一九三〇年に百九十一軒あった映画館は一九四〇年になると三百三十六軒に増えています。

パリ市内では大がかりな土木・道路工事が行われます。一八五七年に始まったオスマン大通りが完成したのは一九二七年でしたし、小さな公園が四十も作られました。十四区の国際大学都市も一九二五年にドイツ館ができて以来、徐々に拡張されてきましたが、第二次世界大戦勃発のために一九三八年までで一旦新規建設は中止されます。

ただ、両大戦間のこの時代に、世界各国からパリへ来る学生や研究者のための施設建設が開始されたことは、国際交流の礎を造ったという意味からしても、きわめて重要な役割を果たしました。藤田嗣治《ふじたつぐはる》のフレスコ壁画が飾られていることでも知られる日本館は一九二九年に完成しました。日本大使を務めたポール・クローデルの提案で建設が決まり、大富豪でフランス人から「バロン（男爵）サツマ」と呼ばれた薩摩治郎八《さつまじろはち》がその費用を全額負担しました。日本政府は関東大震災（一九二三年）の直後で財政に余裕がなかったのです。

電気の普及も目覚ましく、一九一八年には十九パーセントしかなかった電気契約家庭は、一九三九年には九十四パーセントになりました。

生活はますます便利になって行きましたが、政治は混迷の度を深めて行きます。一九一八年に次の世界大戦がまた勃発すると考えていた人は少ないでしょうが、十五年足らずでヒトラーが政権を握ります（一九三三年）。ファシズムの波はしだいに強くなるばかりでした。

再びの大戦

第二次世界大戦のなかでも、とくにフランスに焦点を合わせて書くことにします。

一九三四年二月六日、右翼集団が政府と議会に対して暴動を引き起こし、多数を殺傷した果てに、首相辞任を勝ち取ります。一九二〇年以来、対立していた社会党と共産党ですが、反ファシズムを支持するロマン・ロランらの知識人が広汎な運動を計画するなかで、最初は別個に抗議運動を組織していた社会党と共産党、さらには急進社会党が接近。一九三五年七月十四日、反ファシズムを訴える大規模な示威運動が行われます。

それは六月に結成された人民戦線によるものでしたから、人民戦線は支持を集め、翌一九三六年五月選挙の大勝利へと繋がって行きました。社会党が第一党となり、レオン・ブルムが人民戦線内閣の首相になります。ブルム内閣は組合運動や賃上げ闘争の自由化、週四十時間労働、有給休暇を主張しますが、スペイン内戦に有効な手段を打てず、反ファシズムの運動を持続することができなかったために総辞職します。その後も第二次ブルム内閣を含め、数次の人民戦線内閣が生まれましたが、一九三八年十一月、共産党と急進社会党が袂を分かち、人民戦線は終わりを告げました。

戦争が足音を立てて近づいてきます。一九三九年二月には、パリの市民に防毒マスクが配られました。八月には子どもたちが疎開します。ルーヴルその他の美術品もロワール川の城館などに移送されます。

一九三九年九月一日、ドイツ軍がポーランドに侵攻。三日、英国とフランスがドイツに宣戦布告します。これが第二次世界大戦の始まりでした。九月十七日、ソ連がポーランドに侵攻します。二十八日にはドイツ・ソ連国境友好条約が調印され、ポーランドを分割する秘密協定が結ばれました。

一九四〇年六月十日、イタリアが英国とフランスに宣戦布告します。その四日後の六月十四日、ドイツ軍がパリ入城を果たしました。このあたりは日附が多出しますが、それだけ急展開があったということです。六月十六日、ペタン対独協力政権成立。十八日、ド・ゴール将軍がロンドンで対独レジスタンスを訴え、自由フランス軍が組織されました。

ヴィシー政権

六月二十二日、ペタン政権は対独休戦協定に調印。パリを含むフランス北部と東部がドイツ軍に占領される事態になります（フランス南部は当初ヴィシー政権の支配下にありましたが、一九四二年十一月以降はドイツに占領されました）。七月二日にはペタンは政府をフランス中部の温泉町ヴィシーへ移し、十日には第三共和制憲法を廃しました。「フランス共和国」は「フランス国」となり、ペタン元帥は「フランス国主席」（二年間は首相兼務）となりました。ペタンは八十四歳になっていましたから、実際の政治は親独派のラヴァル副首相（のち首相）が行いました。ヴィシー政府が造ったフランス国の硬貨には、共和国時代の硬貨の「自由・平等・友愛」の文字はなく、ナチスが好んだ「勤労・家族・祖国」の三つの言葉が刻まれています。

　ドイツに占領された都市では、フランス時間に一時間足すドイツ時間になりましたし、トリコロールの旗の代わりに、鉤十字《ハーケンクロイツ》の旗を掲げなくてはなりませんでした。それでも、フランス政府の存続はかろうじて守られました。第一次世界大戦の英雄だったからか、老齢の軍人ということもあったのか、最初の頃はペタンの大衆的人気はすさまじく、街中にはペタンの肖像画が溢れました。ペタン政府はアンシャン・レジームさながらカトリックの信仰を中心に据えた旧体制に戻ろうという国民革命とドイツへの忠誠で成り立ってい

「勤労・家族・祖国」と刻まれた1フラン硬貨。

ましたから、しばしば理性的判断を蔑《ないがし》ろにすることがありました。

十月三日にはユダヤ人迫害法と今では言われる悪法を定めました。それからはユダヤ人だけでなく、フリーメーソンや共産主義者に対する弾圧と、一般市民に対する強権的政治を行いました。国民の支持も急速に衰え、地下に潜ったレジスタンス運動は勢いを増していきました。ペタンがうわべではどれほどきれいごとを言っても、ナチスの意を酌《く》んで政治を遂行したという点で戦後になって強く批判されたのは当然だったと言えます。ヴィシー政権を支持し、対独協力をしていた人たちは「コラボ」(「協力者」を意味する「コラボラトゥール」の略語)と呼ばれ、戦後は責任を厳しく追及されました。

ドイツの要求は苛酷になるばかりで、一九四三年一月には労働力として二十五万人を、一年後には百万人を求めて来ました。そうした強制的労働徴用を嫌った人々は森や山岳地帯(フランス語で maquis「マキ」)に逃げ込んでレジスタンス運動の一翼を担います。ゲリラやパルチザンのような叛乱組織で、「マキ」と言われました。

ナチスと連合軍の戦いのなかで、パリは連合軍側からの空襲にさらされることになります。とくに、三月三日、十日、四月十八日、二十一日の空襲では死者は千百人を超えました。四月二十六日、ペタンはヴィシーへ移ってから初めてパリを訪れ、ノートルダム大聖堂で犠牲者を悼《いた》みました。葬儀の後、市庁舎に戻ったペタンを、数は諸説ありますが、少なくとも一万人は下らないパリの市民が歓呼の声で迎えたと言われています。

ド・ゴール登場

ヴィシー政府はドイツへの協力とレジスタンス運動の制圧の間で揺れ動くばかりで一向に解決策を見出せないまま、一九四四年六月六日を迎えました。この日、連合軍は結果的には二百万人の兵員をドーヴァー海峡からフランスのノルマンディーの海岸に送りました。映画でも有名な「史上最大の作戦」ノルマンディー上陸作戦です。シェルブールやカーンの奪回には思ったより時間がかかったようですが、結局連合軍が総体としてこの作戦を成功裡に遂行したことで、フランス国内のドイツ軍が次々と撤退を余儀なくされ、八月二十五日にはパリのドイツ軍が降伏。シャルル・ド・ゴール率いるフランス共和国臨時政府が正式にパリで樹立されました。もともとはフラン

カーンの隣町のバイユー駅前には、ノルマンディー上陸のときの各国軍の配置を記したボードが立っています。2014年撮影（T）。

ス国民解放委員会だった組織が、六月二日にアルジェで共和国臨時政府に改称されたのですが、連合国各国の承認が得られませんでした。パリに移ってから約二ヶ月後、アメリカと英国とソビエトが承認し、臨時政府は正統的なフランスの政府になります。そのあとのことは次章で書くことにします。

降伏前、パリ破壊命令を出していたヒトラーはその命令が遂行されているかを次のような言葉で何度も側近に問い糾《ただ》しました。

「パリは燃えているか」。

ヒトラーの命令に反して、ドイツ軍の焦土作戦《しょうどさくせん》は実行されませんでした。

一九四〇年六月から一九四四年八月のパリ解放までの四年間、人々は耐乏生活を余儀なくされました。一九四〇年九月からは配給制度が始まり、食品はおろか、衣類、石炭、果ては煙草までが配給券と引き換えでなければ手に入りませんでした。一方、占領しているドイツ兵たちは、本来の為替レートが一マルク十二フランなのに、一マルク二十フランという特別のレートを適用されていたため、フランス人に比べれば楽に暮らすことができました。しかし、ユダヤ人迫害法はむろんパリでも適用されたので、四万三千人を超えるユダヤ人が拘束されて強制収容所へ送られました。戦後まで生き延びたのはそのうちの九千人に過ぎません。

レジスタンス運動は占領当初から始まっていました。一九四〇年十二月には、人類史博物館に関係する若い知識層が「レジスタンス」と命名した新聞を発行。対独抵抗運動は絶えることなく拡がって行きました。

シャンゼリゼを凱旋するド・ゴール将軍。

ロンドンに逃れたシャルル・ド・ゴールは最初まったく無名の軍人でしたが、フランス国内のレジスタンスの諸運動と連携して、解放に向けた動きを活発化して行きます。一九四二年一月、ド・ゴールの意を受けてパラシュートでフランス国内に降下したジャン・ムーランは抵抗運動の組織化に全力を尽くします。レジスタンスの全国組織はできたものの一枚岩ではなかったため、裏切られてゲシュタポに逮捕され、拷問の果てにドイツ移送中の列車内で死去しました。ド・ゴールはのちに国葬でその功に報いました。

ド・ゴールが凱旋パレードのために凱旋門に姿を現し、無名戦士の墓に詣《もう》でてからコンコルド広場を通ってノートルダム大聖堂へ足を運んだのは、ドイツ軍パリ軍事総督が降伏文書に署名した翌日、一九四四年八月二十六日のことでした。

パリは解放されたのです。

ペタンのその後について書いておきます。一九四四年九月七日、ペタンとラヴァルはドイツのジグマリンゲンに居場所を変え、それぞれ主席と首相を辞任しました。十月に行われた輿論調査で、ペタン処罰に賛成は三十二パーセント、反対は五十八パーセントありました。一九四五年、フランスに戻ってきたペタンは逮捕され、翌年の裁判で死刑を宣告されますが、高齢のため刑一等を減じられました。一九五一年、流刑先のユー島で他界しました。同様に死刑判決を受けた元首相のラヴァルは一九四五年銃殺されました。

なお、一九一四年当時、ペタンは大佐で、第三十三歩兵連隊長でしたが、可愛がっていた部下の一人がシャルル・ド・ゴールでした。ド・ゴールの長男の名付け親もペタンでした。歴史はときどきこうした巡り合わせを用意することがあって、社会党の大統領として活躍したフランソワ・ミッテランはヴィシー政府で一時働き、一九四三年には勲章まで受けています。

25　パリ解放以後

共和国臨時政府の成立

一九四四年八月二十五日にパリが解放された後も、残っていたドイツの狙撃兵の発砲が散発的に行われ、夜には空爆もありましたが、それも二十九日の米軍のパレードまでにはなくなりました。八月二十五日はパリ解放を祝う記念日になりました。パリ解放直後は、ヴィシー政権支持者や「コラボ」と名指された人々が暴行を受けたり、殺害されたりといった事件が各所で発生しました。ドイツ軍と親しくしていた女たちは丸坊主にされたり、衣服を剝ぎ取られてハーケンクロイツを体に描かれたりしました。その数は二万人に及んだと言われています。

ド・ゴール率いるフランス共和国臨時政府は、ナチスドイツの降伏により（一九四五年五月）ヨーロッパにおける大戦が終結したのち、十月に憲法制定のための議会選挙を実施します。それに先立つ地方選挙と同じように、ド・ゴール派は敗退。第一党となった共産党と社会党と人民共和派の左派が圧勝しました。

一九四六年一月、ド・ゴールは突然辞任し、労働者インターナショナルのフェリックス・グーアンが政府首班になって、五月五日に憲法制定の国民投票を実施しますが、否決されてしまいます。六月二日、再度の憲法制定のための議会選挙が行われ、今度は人民共和派が第一党になり、ジョルジュ・ビドーが政府主席として、新たに憲法草案を提出。十月十三日の国民投票で可決され、二十七日に新憲法に基づいた共和制が始まりました。それが第四共和制です。発足当初は暫定内閣で、ビドーと、人民戦線内閣でも首相だったレオン・ブルムが首相を務めましたが、ブルムがその任にあったのは、わずか二ヶ月足らずの間でした。

一九四七年一月十六日、ヴァンサン・オリオールが第四共和制初代大統領となり、ここに共和国臨時政府は名実ともにその役割を終えました。

臨時政府時代で重要なのは植民地政策です。すでに第二次世界大戦中から植民地独立問題が起こっていました。第四共和制発足にあたって、それまでのフランス植民地帝国は消滅し、ゆるやかな「フランス連合」と「海外県・海外領土」になりました。フランス連合は植民地に本国と同様の権利と義務を与えた集合体で、海外県・海外領土（略称 Dom-Tom「ドムトム」）はグアドループ、マルチニーク、仏領ギアナ、レユニオンを指しました。「フランス連合」は植民地そのものを解放するということを目指してはいなかったため、仏領インドシナをはじめ各地で独立運動が高まって行きます。インドシナでは一九四一年以来、ベトミン（ベトナム独立同盟会）が独立運動の先頭に立ち、フランス側と対立していましたが、ベトミンは日本が降伏文書に調印した一九四五年九月二日、ベトナム民主共和国の樹立を宣言。これをきっかけに八年近く続く第一次インドシナ戦争が始まりました。

そんな問題を抱えるなか、解放こそされたものの、パリではまだ食糧統制が続いていました。パンが自由に買えるようになったのは一九四八年四月のことでした。

ヴァヴァンのカフェ、ル・ドームから、道路の反対側にあるラ・ロトンドを望む（T）。

新しい文化の息吹

とはいえ、自由の空気はさまざまな形で行き渡っていきます。フランスを代表する新聞「ル・モンド」紙がド・ゴールの支援を得て創刊されたのは一九四四年十二月でした。戦時中にニースとパリのスタジオで撮影されたジャック・プレヴェール脚本、マルセル・カルネ監督『天井桟敷《てんじょうさじき》の人々』が公開されたのは一九四五年三月九日です。近代美術館も開館に漕ぎつけました。サン・ジェルマン・デ・プレは実存主義の哲学者や文学者や音楽家が集う若者文化の中心地の一つになります。

カフェ「フロール」「ドゥー・マゴ」、ブラスリー「リップ」、ボワット・ド・ニュイの「タブー」にサルトルやボーヴォワール、ミシェル・レリス、ボリス・ヴィアン、ロミ、ジュリエット・グレコなどが毎晩のように顔を見せます。音楽はジャズか、新しい時代のシャンソン。シャルル・トレネやエディット・ピアフやイヴ・モンタンも良く聞かれましたが、サン・ジェルマン・デ・プレのライブのジャズはとくに若者世代の共感を呼びました。

今では往昔の面影はなく、観光客が多いのでしょうが、それでもフロールやドゥー・マゴは待ち合わせに便利ですし、いったん腰を落ち着けるとついつい長居をしたくなる気安さに満ちています。その点では、モンパルナス大通り、メトロのヴァヴァン駅に近いラ・クーポール、ル・セレクト、ラ・ロトンド、ル・ドームといったカフェと共通点があるかもしれません。そこもやはり藝術家や文学者が集うカフェだったからです。

26　第四共和制

植民地ベトナムの独立

第四共和制は、社会党系のヴァンサン・オリオールが大統領、ポール・ラマディエが首相になって正式に歩み始めましたが、ド・ゴールは右派組織「フランス国民連合」（RPF）を結成して議会に送り込みます。社会党、共産党、国民連合の三大勢力からやがて共産党が排除され、不安定な政権運営が続きました。国民連合は一九五一年の選挙で第一党になるものの、一九五三年の地方選挙で大敗。解体に追い込まれます。ド・ゴールも二年後に政界引退を発表しました。

植民地闘争を抱え込んだ政治は戦争を前提とせざるを得ません。仏領インドシナではホー・チ・ミン率いるベトミンがフランスからの即時独立を目指したゲリラ戦を展開していました。一九五四年五月、双方一万人は下らない戦死者を出した今のベトナム北部のディエン・ビエン・フーでフランス軍は敗北を喫します。前月に就任したばかりのピエール・マンデス首相は七月、ジュネーヴで休戦協定を締結。インドシナからの撤退を決めました。

あたかも朝鮮戦争で、アジア地域の主導権争いを中国・ソ連とアメリカの三つ巴でしていた時期ということもあり、休戦合意のなかには綱引きの結果、ベトナムを南北に分けることも書かれていましたから、その後のアメリカが介入して激しさを増したベトナム戦争(第二次インドシナ戦争)の萌芽《ほうが》はジュネーヴ協定そのもののうちに秘められていたことになります。

ド・ゴール復活

その同じ年の十一月にはアルジェリアでフランスからの独立を求める運動が尖鋭化します。フランス政府は一九五六年三月にはモロッコとチュニジアの独立を認めますが、アルジェリアの独立は認めなかったのみならず、一九五四年十一月以降に頻発した武装蜂起を厳しく弾圧したため、ついにアルジェリア戦争が勃発します（戦争は一九五四年から、独立を果たす一九六二年まで続きます）。大統領はルネ・コティに替わっていました。五六年には英国と共同でスエズ運河に出兵してスエズ戦争に介入しますが、これも失敗に終わります。

一九四六年十月に国民投票で承認された新憲法では、両院制のもと、大統領の権限はかなり抑えられていましたから、コティはアルジェリア戦争も解決することができず、アルジェリアでは駐屯していた部隊のコティへの不満が爆発し、なかばクーデターの様相を呈することになりました。叛乱部隊はコルシカ島を占拠。パリへ進撃する勢いを見せます。

一九五八年六月、コティは駐屯軍の意向に添って、引退していたド・ゴールを首相に任命して事態の収拾を図ろうとしました。九月二十八日、ド・ゴールは大統領の権限を強くする新憲法を国民投票で承認させ、大統領に就任。第五共和制の始まりとなりました。

27 第五共和制

現在まで続く体制

一九五八年から現在まで続く体制が第五共和制です。第四共和制と比べると国民議会の権限が大幅に縮小し、大統領の権限が強まりました。大統領は以下の通りです。任期に幅があるのは、七年任期、五年任期などの違いだけでなく、道半ばで斃《たお》れたりしたためです。現在は五年任期です。おもに外交を担当する大統領と内政を担当する首相の所属政党が総選挙の結果次第では異なる場合があります。第一次ミッテラン政権時のシラク首相（保守。一九八六～八八年）、第二次ミッテラン政権時のバラデュール首相（保守。一九九三～九五年）、シラク政権時のジョスパン首相（社会党。一九九七～二〇〇二年）の三回ですが、それを「コアビタシオン（直訳すると「同棲、同居」）」と言います。これまで第五共和制で大統領になった社会党出身者はミッテランとオランドです。

シャルル・ド・ゴール（二期）。一九五八～六九年。
ジョルジュ・ポンピドゥー。一九六九～七四年。
ヴァレリー・ジスカール・デスタン。一九七四～八一年。
フランソワ・ミッテラン（二期）。一九八一～九五年。

サン・ミシェル橋につけられた標示板です。「1961 年 10 月 17 日の平和的なデモの血腥い鎮圧によって殺された多くのアルジェリア人のために」と書かれています。

ジャック・シラク（二期）。一九九五〜二〇〇七年。
ニコラ・サルコジ。二〇〇七〜一二年。
フランソワ・オランド。二〇一二〜一七年。
エマニュエル・マクロン。二〇一七〜

アルジェリア問題

第四共和制はアルジェリアとインドシナの独立運動への対応の失敗がきっかけで終焉を迎えましたが、植民地問題は第五共和制になってもさまざま禍根《かこん》を残しました。五〇年代から六〇年代にかけてパリで過激な独立主義者による爆破事件が何度もありました。

警察が神経を尖らせていた矢先の一九六一年十月十七日、警官がデモ隊に殺害されたというデマが流れ、「報復」に出た警察権力によってパリで虐殺と言っていい悲劇的事件が起こりました。アルジェリア民族解放戦線（FLN）が組織したアルジェリア人の大規模な平和デモが警察の武力によって鎮圧され、多数の犠牲者が出たのです。

パリではアルジェリア人だけに夜間外出禁止令が出ていました。FLNはその措置に抗議するため、パリとパリ近郊に住むアルジェリア人に武器を携行しないで、デモに参加するように呼びかけました。ところが警視総監モーリス・パポンは警官隊に発砲を許可しました。パポンはドイツ占領時代、対独協力を積極的に行い、たくさんのユダヤ人を強制収容所に送った人物でした。事件後、警官隊の殺戮《さつりく》行為について「何があっても警察はすべきことをするまでだ」と言ったと伝えられています。殺戮現場の一つとなったサン・ミシェル大通りでは、銃撃を避けてセーヌに飛び込み溺死した人たちも多くいました。

この事件のことは表沙汰にならず、隠されたままでしたが、一九九〇年代になって研究が進み、ようやく明るみに出ました。政府が公式に認めたのは、二〇一二年のその日、オランド大統領が共和国の名において、事件があったことに言及したときでした。

デモ隊のコースは、ポン・ド・ヌイイからエトワール広場まで、レピュブリック広場からオペラ座まで、サン・ミシェル大通りとサン・ジェルマン大通りでしたが、そのすべての場所で警官隊はデモ隊に発砲したのです。犠牲者は数百人に上ると考えられています。第五共和制の暗黒面を象徴するような事件ですが、今では事件を記念する標示板が貼られているところもあります。

もう一つ書いておきますと、一九六二年二月八日、アルジェリア独立に強硬に反対して暗殺を繰り返していた「秘密軍事組織（ＯＡＳ）」（映画や小説で知られるド・ゴール暗殺未遂事件を起こした過激派右翼です）とアルジェリア戦争に反対してデモをしていたアルジェリア人と左派の人たちが、メトロ九号線のシャロンヌ駅で、警察の過剰な鎮圧行為によって、命を落としたという事件がありました。命令を下したのはやはりパポンで、ド・ゴールも承認していました。

一九五八年八月に、ド・ゴールがマシュー将軍に言った言葉が残されています（カリエール&ベシュテル編『珍説愚説辞典』より）。

私の目の黒いうちはアルジェにＦＬＮの旗などたなびかせるものか。マシューよ、心配するな。フェルハト・アッバース（臨時政府に入ったＦＬＮの指導者の一人）がアルジェに来ることはないから。

「余波」としての住宅難

しかし、ド・ゴール大統領は、翌年、アルジェリアの民族自決を認める発言をし、結局は一九六二年三月のエヴィアン休戦協定を経て、七月にはアルジェリアの独立を認めるしかありませんでした。

アルジェリアが独立すると、それまでアルジェリアに住んでいたアルジェリア人やフランス人がフランスに移住してきます。ことにパリへは数十万人がやってきました。

戦後は大体にしてそうなのですが、パリでは増え続ける人口を受け入れる住居の問題が起こります。もともとパリの住宅事情はあまりよくなくて、ある統計によると、一九五四年になっても、風呂のある家は二十パーセントに満たず、トイレは四十五パーセントの住宅にあるだけでした（私は何回か国際大学都市のモナコ館〈一九三七年開館〉に滞在したことがありますが、部屋の中が二階構造になっている研究者用のところでも、トイレとシャワーは共同でした）。古い建物が壊され、新しい建物が建てられてゆきます。私が二年間住んでいた十三区のクルールバルブ通りに現在も建っているパリで初めての高層住宅（二十三階建て。六十五メートル）ができたのは一九六〇年でした。

いまなお人気があるパリで初めての高層住宅です（T）。

さらに周辺部や郊外に低所得者用

住宅（ＨＬＭ＝アッシェレム）が次々に建てられました。

新時代の新たな施策

第五共和制で新たに作られた建築物についてざっと書いてみます。ポンピドゥーとジスカール・デスタンが大統領だった時期にできたのが現代アートの総合的美術館であるポンピドゥーセンター、レ・アールのショッピングセンター、それにモンパルナスタワーでした。どれも最初はエッフェル塔のときと同じように、反対の声が大きかったのですけれど、今では周囲の風景になじんでいるのはパリという町の特質かもしれません。

ミッテラン時代の一九八九年はフランス革命二百年目に当たりました。それを記念して作られたのが、ルーヴルのガラスのピラミッド、バスチーユのオペラ座、新国立図書館、デファンス地区の新凱旋門です。

シラク大統領の時代にできたのはケ・ブランリ美術館（博物館）です。アフリカやオセアニアの人々の暮らしの研究展示と美術品の収集展示をしているきわめて個性的なミュゼです。

交通網も整備されます。メトロと鉄道を統合したイル・ド・フランス地域圏急行鉄道網（ＲＥＲ《エール・ウー・エール》）を一九六一年から八年掛けて完成させる一方、自動車用のペリフェリック（外周環状線）が一九七三年に開通します。メトロも一九九八年になって十四号線が開通しました。空港も、それまでのオルリー空港とル・ブールジェ空港だけでは増え続ける飛行機の発着をまかなえないことから、ロワシーに新空港となるシャルル・ド・ゴール空港を作ることになり、十年掛けて一九七四年に完成しました。フランス最大の空港ですが、地名のロワシーで表すこともあります。

同様に、鉄道における新規事業もあり、一九八一年には、日本の新幹線より十七年後でしたが、ＴＧＶ（テー・ジェー・ヴェー）のパリ・リヨン間が開業しました。これは「高速の列車」Train à Grande Vitesse の頭文字を繋げた略語です。最高時速二百六十キロメートルでした。今ではＴＧＶの走る高速鉄道路線（ＬＧＶ＝Ligne à Grande Vitesse）はフランス国内の主要駅間のみならず、近隣諸国の主要都市とも繋がっています。また、パリの環状線（ＰＣ＝Petite Ceinture

駅附近から撮ったモンパルナスタワー（Ｔ）。

ありました。

「小さなベルト」）の走る南の地区ではトラムが敷設されました。混雑していたバスに比べると時間も正確ですし、車内も明るい感じがします。それは排気ガス抑制のための方策でもありました。

二十一世紀のパリが抱える問題の一つは排気ガスです。ときどき、ナンバーによって偶数と奇数の車に分け、使用制限が行われますが、思ったほどの効果はまだありません。ただ、近年、ヴェリブという公的な自転車レンタルサービスが成功したのは、今後への明るい材料にはなるでしょう。電気自動車の公的レンタルサービス「オートリブ」も始まりましたが、数年で廃止となりました。

国内ではそうしてさまざまな計画が実行される一方、外交面では対米非追随を貫き、一九六〇年にはサハラ砂漠で核実験をして、米ソ英に続く四番目の核保有国になりました。フランスは世界有数の原発稼働国でもありますが、二〇一八年十一月二十七日、マクロン大統領は二〇三五年までに十四基の原発を廃炉にし、原発依存度を五十パーセントに下げる方針を明らかにしました。しかし、二〇二二年末までに原発全廃を決めたドイツとは違って、原発をやめる方向にはまだ舵《かじ》を切ってはいません。

パリに市長が誕生

ところで、パリに市長が置かれるようになったのは一九七七年。ジャック・シラクが選挙によって市長に就任して以降でした。それ以前に市長がいたのは革命時の一七八九年から一七九四年の五年間、二月革命時の一八四八年の五ヶ月、普仏戦争とパリ・コミューン時の一八七〇年から一八七一年の十ヶ月だけで、あとは商人頭、次いでセーヌ県知事がパリの行政を担当してきました。ランビュトーもオスマンも県知事で、市長ではありません。

シラクは一九九五年まで市長の職にありました。フランスでは一八四八年に男性の普通選挙権が認められましたが、女性が参政権を獲得して実際に行使するには一九四五年まで待たなくてはなりませんでした。シラクが市長に選ばれたのはもちろん普通選挙の結果です。

トラムやヴェリブの運用を始めたベルトラン・ドラノエ（二〇〇一年パリ市長就任。二〇一四年まで）は、一八七一年のジュール・フェリー以来の左派の市長でした。フェリーは首相時代、初等教育の無償化と世俗化と義務化を実現した政治家です。ドラノエは同性愛者であることを公言した初めてのパリ市長ですが、毎夏四週間限定でセーヌ河畔にできる砂浜もドラノエの発案でした。

左派の政治家はしばしば思い切った政策を実行することがあります。死刑を廃止したのも、年間有給休暇を五週間に延長し労働者の権利を拡大したのもミッテランでした。一九九二年、ＥＵの創設を決めたマーストリヒト条約に調印したのも、その後のＥＵの実現とユーロへの通貨統一への道筋を示したのもミッテランだったことは覚えておいでかもしれません。二〇〇五年のあるアンケートでは、戦後の大統領でもっとも重要な政治家として、ド・ゴール（三十五パーセント）の次に評価が高かった（三十パーセント）政治家です。二人ともすぐれた文章家としても評価されています。ミッテラン個人のことで忘れられないことをあえて書きますと、隠し子がいたことを記者に問われたときの返答の言葉です。彼はただひと言、「ええ。だから？」（Oui.《ウイ》 Et alors?《エ・アロール》）と答えたのです。

28　五月革命

若者の反乱

一九六八年にパリの大学生を中心に沸き起こった五月革命は、直接的には第五共和制で強い権限を手にしたド・ゴール大統領の強権的な政治と封建的な大学組織が引き金となりましたが、世界各地で同時的に起こった民主化大衆運動、平和運動に繋がるものでもありました。アメリカのベトナム反戦運動、日本の学生運動もその一つだと考えられます。その背景には大学が大衆化したことが要因として挙げられるでしょう。

第二次世界大戦開戦前夜の一九三八年には六万人だったフランスの大学生は一九六八年には十倍の六十万人以上に達していました。大学はもはや権威に寄りかかるところではなく、平等に「知」を享受し、自らの精神的豊かさを追求するとともに、各自がその立場で社会に貢献する道を求める場になったのです。

この運動による変革を「危機」と呼ぶか「革命」と呼ぶかは個々の歴史観や政治信条に関わってきます。歴史の出来事はつねに正と負両面の評価にさらされるからですが、ここではその後の影響の大きさを鑑み「五月革命」と呼ぶことにします。

一九六八年三月、ベトナム反戦運動で検挙された学生の釈放を求める反対運動がパリ大学ナンテール校（現・パリ第十大学）から湧きあがり、すぐにソルボンヌ大学へも飛び火。五月を迎えます。

五月三日、大学当局はナンテール校の封鎖を決め、追われた何百人もの学生がソルボンヌの中庭に集結します。警察とCRS（フランス共和国保安機動隊）が構内に入り、学生の排除を始め、百人を超える負傷者が出ました。ソルボンヌも封鎖されることになったので、学生たちは大学の外、カルチエ・ラタンへ打って出ます。バリケードを築いた学生と警官隊の衝突が起こりました。

五月六日、警官隊と学生が再び衝突します。双方で千名近い負傷者が出て、逮捕者は四百人に達しました。

五月七日、全フランス学生連合が呼びかけた大学再開を求めるデモが四万人規模に膨れあがりました。警察隊はカルチエ・ラタンから撤退し、カルチエ・ラタンは解放区になりました。この場合の解放区とは、国家権力に支配されず、学生と市民が連帯して自治を守る地域という意味です。

やがて、そこかしこで学生と労働者が連帯し、ストライキはフランス社会全体のストライキへと拡大していきました。いわゆるゼネラルストライキ、ゼネストです。ド・ゴール大統領は議会の解散を宣言して、六月には選挙になりますが、ド・ゴール派の圧勝に終わりました。

よく、五月革命の結果、ド・ゴールが大統領を辞任したと言われますが、直後の選挙では大勝するわけですから、直接的にはそうではなくて、選挙のあと、上院改革や地方自治体の改革を問うた国民投票で負けたのと金価格の高騰でゼネストが行われたことが主たる原因だとされています。もちろん、五月革命によって人々の意識が変わり、政権基盤が揺らいでいたことがひいては一九六九年四月のド・ゴール退陣を招来したとは言えるのですが。

旧弊打破のムーヴメント

時間的には決して継続した運動ではありませんでしたが、五月革命は二十世紀後半の世界に無視しえぬ影響を与えました。学生たちが掲げたスローガン「自由・平等・セクシュアリティ」は、女性解放だけではなく、大きく言えば、あらゆる分野のマイノリティの問題に目を向ける必要性を、現代の私たちに問いかける一方で、半世紀後の現代のLGBTの問題にも繋がっているでしょうし、二〇一九年の日本の参議院選挙で、重度の身体障害と闘ってきた人たちが議席を確保するに至ったことにも時間を隔てて響きあっているのではないかという気がします。

五月革命それじたいはすぐに終熄《しゅうそく》を余儀なくされましたが、そこで人々がいだいた脱階級的な大衆との「連帯」を通じて「自由・平等」の世界を実現したいという希求は今なお続いている——そう考えて少しでも現状を改革していきたいと願う人は決して少なくないと思うのです。

サルトルが五月革命を高く評価していたことは知られていますが、同時に、映画を通じてつねに旧弊《きゅうへい》な藝術と戦ってきたジャン・リュック・ゴダールが五月革命の申し子の一人であることにも留意したいと思います。ロックもパンクもサブカルチャーも、既成の権威を批判し、無条件な服従を拒否した地平、すなわち、五月革命の地平から生まれてきたとの意味は大きいのではないでしょうか。さらに言えば、世界的に保守・右派が権力の座に就くことの多い現代にあって、隠忍《いんにん》と服従をよしとしない五月革命の遠い記憶を今に繋いでいる一つが二〇一八年十一月に始まった黄色いベスト運動なのかもしれません。

29 二十一世紀はテロの時代か

二つのテロ

二十一世紀になれば、文明がいっそう進化するはずだと思った方は少なくないと思います。それなのに、オーウェルの『一九八四年』の世界に輪を掛けたような暗鬱なる社会が到来しているという実感が強くするのはどういうわけなのでしょう。最近のパリのことを思うとき、悲しいことながら最初に脳裡を横切るのはやはり二〇一五年に起こった二つのテロ事件です。翌二〇一六年のニースでのテロ事件も忘れることはできません。

二〇一五年十一月十三日夜(日本時間十四日早朝)、パリ十区のカンボジア料理店、パリ十一区のバタクラン劇場、カフェ、レストラン、ピザ店、北郊サン・ドニのスタジアムで銃撃と爆発があり、さらに犯人の自爆テロもあって、少なくとも百三十人が殺害されました。負傷者は三百五十二人に上ります。犯人はイスラム国を信奉するモロッコ系やアルジェリア系のフランス人・ベルギー人らで、オランド大統領は非常事態宣言を出しました。

この年のはじめ、一月七日にもテロ事件がありました。覚えておいでの方は多いでしょう。十一区の諷刺《ふうし》週刊紙「シャルリ・エブド」の編集部に、イスラム過激派が自動小銃を持って乱入。編集長、諷刺漫画家、コラムニスト、警官ら十二人が殺害されたのです。イスラム教を諷刺してきたことがテロリストの恨みを買ったとのことですが、関連して二つの事件が起こり、五人が死亡。合計十七人が犠牲になりました。この事件は言論の自由をどう考えるかという根本的な問題を今も突きつけています。パリという限定を外せば、フランス各地でテロが多発しています。

イスラムという問題

二〇一六年の革命記念日の七月十四日、ニースの海岸沿いの人気遊歩道プロムナード・デ・ザングレで恒例の花火見物をしていた人々の列にトラックが突っ込み、八十四人が亡くなりました。犯人はイスラム過激派でした。フランスの人口の約十パーセントがイスラム教徒です。過激派はそのごく一部に過ぎません。しかし、憎悪の連鎖で無辜《むこ》のイスラム教徒が襲撃されたり殺害されたりという痛ましい事件も起こっています。

一九〇五年、フランスではライシテ法が制定されました。それから百年以上経つ現在、この法律が再び注目されています。「ライシテ」は政教分離と訳してもいいのですが、要するに国家の無宗教性と個人の信教の自由を保証する法律です。

この信教の自由というのが意外に厄介で、今ではイスラム教徒の女性が被る「ブルカ」や「ニカブ」という顔を隠すヴェールや「ヒジャブ」という髪を隠す布を公立学校や公共の場所で着用することが正式に禁止されています。特定の宗教を必要以上に誇示するものは学校や公共の場所にはなじまないというのが禁止の主な理由です。一方、信仰の自由という観点からは禁止は行きすぎだという反対意見もあり、法的には定められていても、感情的にはどちらの側も納得が行かないようです。

米国のピュー・リサーチセンターの二〇一五年の予測では二〇七〇年にはキリスト教徒とイスラム教徒の数が並び、二一〇〇年にはイスラム教徒が世界最大になるとのことです。イスラム教徒とどのように共存していくのかが問われているのはフランスだけではないことを私たちも銘記しなくてはならないと思います。

30　変わるパリ　変わらぬパリ

古きよき時代もいいけれど……

教師歴四十年近くなると、教え子たちの中にはフランスが好きになって実際に訪れる人が一定数出てきます。期間は一ヶ月もあれば、三ヶ月、半年、一年とさまざまですが、実際に留学する学生がいるのです。つい最近も一年間の交換留学から無事に帰ってきた学生がいました。写真を何枚も提供してくれた教え子です。前章でテロ事件のことを書きましたが、彼ら彼女らは、だからと言って、パリ行きを諦めることはありません。滞在期間中、黄色いベスト運動に出会おうが、メトロやバスのストライキがあろうが、自分が好きになったフランス、それもパリの町での生活を満喫して帰ってきます。私のような齢《よわい》になるとエコノミー症候群が心配だとか、テロが怖いなどと行く気がなくなることばかりが多いのですけれど、若さというのは特権で、これが見たい、あれがしたいという気持ちだけで飛行機に乗ってパリまで行くことができるのです。そして、そういう人たちは恐らく私以上にパリを満喫することができます。

若い頃、恩師や先輩教師から繰り返し聞かされたのは、あの頃のパリはよかった、それに比べればいまはねえ、という嘆き節、あるいは嘆き節の形をとった自慢話でした。たとえば私はブラッサンスが大好きですが、一九八一年に世を去ったこの偉大な歌手を、一九八二年に初めて渡仏した私が実際に聴けるはずがありません。もちろん実際に聴いた先輩の先生がいて、その方とはこんな会話をしました。

「ブラッサンスはオランピアで聴いたよ」

「如何《いかが》でしたか」

「それはきみ、もう最高だったよ。ブラッサンスは生で聴かないとね」

つきせぬ魅力

しかしそれは私からすれば無い物ねだりであり、その教師が、自分が如何に幸運であるかを嘴《くちばし》の黄色い若者に自慢している構図でしかありませんでした。私とてそういう自慢をしていないかと言えばそう言い切る自信はありませんけれど、はっきり言えるのは、パリは誰にとっても魅力的な町だと言うことです。

教え子たちが知っていることを私が知らないことはたくさんあります。これも一例を出しますと、ちょうど私が二年間の在外研究でパリに住んでいたとき、半年間ワーキングホリデーをとってパリで暮らしていた教え子は、どこかの公園にある発泡水の無料サーバーについて、それが如何に美味しいかを力説してくれました。その公園まで行く気が起こらなかった私はついにその無料の発泡水を味わう機会はありませんでした。そう言えば、パリに着いて早々に、私が使ったことのないルーヴルの定期券を買って毎日のように通ったのもその教え子でした。

そのように、個々の経験の違いによって、一方は知っているのに、一方は知らないことなどいくらでもあります。要は、好奇心を失わず、目の前に展開する光景に目を向け、人々を観察し、いま自分がいるパリの時間を十二分に満喫することです。ルテチア以来、発展を続けてきたパリ。オスマンの改造を経て、そこにたくさんの建造物が加わり、いまに至るパリの町の佇まい。その町で出会うものすべて。食べ物も飲み物も記念建造物も街角のちょっとした装飾も美術館も空気も風も空の色も夕景も夜景も町の照明もセーヌ川もふとしたことで知り合いになったフランス人の誰彼も——それは百年前でもいまでも基本的には変わらないのではないでしょうか。

変転を続けてきたパリの歴史は逆説的に、変わらないパリを支えているのです。

第二部

それぞれのパリ　私のパリ

凱旋門から眺めたパリ市街

1　ジャルダン・デ・プラント

春になると、否、春でなくてもですが訪れたい場所。そのひとつがジャルダン・デ・プラントです。パリ五区。アラブ世界研究所やパリ第六・第七大学、パリのモスクのすぐ近くです。メトロ五号線オーステルリッツ駅か七号線プラス・モンジュが最寄り駅です。ルイ十三世の命令で一六四〇年に開園した王立植物園で、長らく博物学者のビュフォンが園長を務めていました。フランス革命後は国立自然史博物館となり、現在に至ります。園内に咲きほこる植物だけではなく、メキシコその他の珍しい植物を育成している温室や世界最初期の動物園、生命の進化を具体的にたどることができる大陳列館などもあり、何度行っても飽きることがありません。春には「関山」と「白妙」という種類の大きな桜の木が枝一杯に花をつけます。

数百メートルに及ぶ長方形の庭園が直線状に伸びていて、その周囲には公園のように木蔭があるので、週末ともなるとパリの人たちがたくさんやって来ます。大陳列館は恐竜の模型から始まって、さまざまな動物や昆虫の標本、絶滅したドードーの模型、鉱物まで、厖大な資料をわかりやすく分類して展示してありますし、地下の展示スペースでは、自然史とは直接関係のない美術展が開かれていることもあります（私はサラ・ムーンの写真展をそこで見ました)。動物園にはジャイアントパンダこそいませんが、猫科の精悍《せいかん》なカラカル、世界最古の猫と言われるマヌル猫などをガラス越しに見ることができます。

江戸時代に昌平黌《しょうへいこう》教授を務めた乙骨耐軒《おつこつたいけん》という儒学者がいました。長男は洋学者となった乙骨太郎乙《たろうおつ》ですが、次男の亘《わたる》は旧幕臣で若い頃、ある遺欧使節団に理髪師の資格で同行しました。帰国後上田家の養子となり、絅二《けいじ》と名を変えました。それが上田敏《うえだびん》の父親です。敏は明治大学在職時代、ヨーロッパに留学。その途次、ジャルダン・デ・プラントでたまたま展示されていた日本の使節団の写真の中に、若い頃の父絅二が写っていることを知り、いたく感激したと言います。桜といい、上田敏のエピソードといい、日本と縁のある植物園であり公園です。

2013年4月21日に撮影した「関山」です。奥に博物館の建物が見えます(T)。

2 パリの公園

パリには多くの公園があります。公園を散歩したりそこで休んだりするのはパリの人々には欠かせない楽しみです。

単語としては芝生や花壇のある街中の公園を意味する「ジャルダン」jardin（リュクサンブール公園やチュイルリー公園やシャンゼリゼ公園がこれです。パリに百四十五あります）、大規模な公園や城館に附属する公園を指す「パルク」parc（モンソー公園など。パリに十七を数えます）、柵で囲まれた広場を含む小さな公園「スクワール」square（たとえば三区のタンプル公園。二百七十五に上ります。「辻公園」と訳す場合もあります）、広場ながら公園と言ってもいい「プラス」place（ドーフィーヌ広場。「広場」としてはパリ市内に四百七十九ヶ所存在しますが、純粋に「公園」をいくつとするかは議論の余地があります）などがありますが、そうした緑地のある広場や公園は、いま挙げた以上にさまざまな言葉（allée, coulée verte, esplanade, mail, promenade）で示され、遊歩道まで入れるとその数は四百五十にも上るそうです。

その中にはブーローニュとヴァンセンヌの二つの「森（ボワ）」も入ります。これは特大の公園と言っていいでしょう。石造りや最近では鉄筋コンクリートの建物が多いパリの至るところに緑があるのはこの町の魅力を増す確かな要素になっています。

私は二年間、片隅に薔薇園のあるスクワール・ルネ・ル・ガルという公園の前に住んでいましたが、早朝きれいな声で鳴く「黒歌鳥（メルル・ノワール）」にどれほど癒やされたことでしょう。名称こそさまざまですが、パリ暮らしの、あるいはパリ歩きの大きな楽しみは公園にあるといってよいと思います。

四百五十すべてというわけにはいきませんが、古くからの公園をいくつか挙げてみます。地図で探せるように原語をつけておきます。順番に意味はありません。四桁の数字は開園した年です。

リュクサンブール公園。正面奥にリュクサンブール宮殿が見えます（T）。

・モンソー公園 Parc Monceau（八区。一八五二）
・ビュット・ショーモン公園 Parc des Buttes-Chaumont（十九区。一八六七）
・モンスーリ公園 Parc Montsouris（十四区。一八七五）
・リュクサンブール公園 Jardin du Luxembourg（六区。一六一二）
・パレ・ロワイヤル庭園 Jardin du Palais Royal（一区。一六三三）
・シャンゼリゼ公園 Jardin des Champs-Élysées（八区。一八四〇）

ヴォージュ広場（T）。

といった有名な公園に加えて、第一部でも言及した「プラス」を二つ、きれいな四角の公園で、一角にはセヴィニェ夫人が生まれた建物やヴィクトル・ユーゴー記念館などがあるヴォージュ広場とドーフィーヌ広場を挙げておきます。後者はポン・ヌフから入れる静かで落ち着ける公園です。二つの「プラス」とも美味しいレストランがあります。

・ヴォージュ広場 Place des Vosges（三区・四区。一六一二）

・ドーフィーヌ広場 Place Dauphine（一区。一六一一年）

変わったところとして一つだけ挙げるとすれば、バスチーユとヴァンセンヌを結んでいた鉄道の廃線跡に作られた遊歩道でしょうか。散歩に最適です。

・クーレ・ヴェルト・ルネ・デュモン遊歩道 Coulée verte René-Dumont（十二区。一九八八）

最初にこの遊歩道の存在に気がついたのは、リヨン駅経由でバスチーユのオペラ座へゆくときのバスの車中からでした。バスで移動すると思わぬ発見があり、パリの魅力が増します。もちろん、歩いてもさらに。

3　パリの二つの森

「ブーローニュの森」

フランス語で、大文字で始めて le Bois（ル・ボワ）とすると、ブーローニュの森を指すほど有名な森林公園ですが、いまのように整理されたのはナポレオン三世の時代です。とくに中世には強盗や追い剝ぎが横行していたと言います。プルースト『失われた時を求めて』で、スワン夫人となったオデットが毎朝散歩をするのが「ボワ」でした。いまではジョギングやサイクリングやスポーツをする人たちが少なくありませんが、九百万平方メートル近くある広大な森なので、いくつもの施設が入っています。

・馴化園 Jardin d'Acclimatation

もともと異国の動物の飼育研究をするための動物園として企画され、ナポレオン三世の命によって、一八六〇年に開園しました。中には高さ十数メートルもある塔形式の鳩舎《ピジョニエ》があり、普仏戦争でパリが攻囲されたときは伝書鳩を飛ばすのに用いられました。日本の木曽《きそ》の民家（Maison de Kiso）が移築されていたり中国式の建物が建っていたり、人形劇の劇

馴化園です。奥に鳩舎塔が見えます（T）。

場があったり、子どもでも安心して乗れる馬や乗り物があったりという、遊園地と公園と動物園を兼ねた施設です。メトロ一号線ポルト・マイヨー駅からミニトレインが出ています。

・ルイ・ヴィトン財団美術館 Fondation d'entreprise Louis Vuitton

馴化園の南側に二〇一四年十月に開館した現代美術館。脱構築主義建築の建物です。ガラスを多用し、風を孕《はら》んだマストがばらばらに重なっているような斬新な建築物です。特別展として二〇一八年から二〇一九年にかけてエゴン・シーレ展が開かれました。

・バガテル公園 Parc de Bagatelle

・オートゥイユ温室庭園 Jardin des Serres d'Auteuil

二つともジャルダン・デ・プラント（国立）以外に四つパリにある市立植物園に数えま

す（残りの二つはヴァンセンヌの森にあります）。温室庭園のほうは近年整理されつつあります。テニスコートもできました。壁面に三つあるいささかグロテスクな仮面装飾《マスカロン》はロダン作です。バガテル公園には世界的に有名な薔薇園があります。静岡の河津《かわづ》バガテル公園はその姉妹園です。毎年六月に薔薇の国際品評会が開かれます。バガテルには城館が建っていますが、ルイ十六世の弟のアルトワ伯の離宮でした。城館をどれくらい早く建てられるかでマリー・アントワネットと賭けをしたアルトワ伯は六十四日で完成させたという話が残っています。

・パリロンシャン競馬場 Hippodrome Paris Longchamp

世界で有数の美しい競馬場と言われます。凱旋門賞レースはここで開かれます。マネやドガが競馬場の風景を描いています。社交界の人々が集う社交場でもありました。

・ローラン・ギャロステニス場 Stade Roland-Garros

テニスの四大大会の一つ、全仏オープンが開かれます。四大大会の会場で唯一クレイコートで、数々のドラマを生み出してきました。テニスに不案内の私は行ったことはありませんが、エリック・ロメールの映画『友達の恋人』（一九八七）で印象的な使われ方をしていたことは最初のサーブの音とともに記憶に残っています。

映画で言えば、ジャン・ジャック・ベネックスの映画『ディーバ』（一九八一）に出てくるブーローニュの森はあまり好ましい場所ではありませんでした。ブーローニュに限らず、暗くなって人通りが少なくなる時間には森に行かないほうがよろしいかと思います。

「ヴァンセンヌの森」

「ボワ」よりは小さいのですが、ヴァンセンヌの森も市民の憩いの場所として親しまれています。もともとは王家の狩り場でしたが、ナポレオン三世の時代、一八六〇年に市民に開放されました。ヴァンセンヌ城が建っています。ルイ七世が一一五〇年頃に建てさせた城が改築されていまに至る美しい城館です。第一次世界大戦のさなか女スパイとして逮捕された踊り子マタ・ハリが銃殺されたのはこの城でした。二つの市立植物園（パリ樹木園とパリ花公園）、動物園、競馬場、自転車競技場が併設されています。城はメトロ一号線の終点シャトー・ド・ヴァンセンヌ駅で降りてすぐです。宏大な森は城館の背後に拡がっています。

4　美術館

とくに美術好きを自任する方でなくてもパリにいると美術館と無縁ではいられません。いくつか書いてみます。第一部でも少し触れたことですが、フランス語の musée は美術館と博物館、そしてそれだけではなく、一八八二年に開館したグレヴァン蠟人形館(Musée Grévin、ミュゼ・グレヴァン）のような施設も指す言葉です。リュミエール兄弟が初めて映画を上演したのは一八九五年でしたが、三百枚のイラストを約十分で次々に見せる世界初のアニメーション『道化師と犬たち』が公開されたのはそれよりも前の一八九二年、ミュゼ・グレヴァンにおいてでした。好評で、一年半にわたって続きました。ミュゼ・グレヴァンは現在も開館しています。

ミュゼ・グレヴァンはモンマルトル大通り10番地にいまもあります（T）。

それではパリにあるたくさんのmusée の中からいくつかご紹介しましょう。あまりに有名なものは名前を出す程度に抑えます。Musée という名前でないものだけ原語をつけます。

・ルーヴル美術館

フランス革命時、科学と藝術の記念建造物とされ、一七九三年八月十日に共和国博物館として開館しました。いわゆる美術品だけではなく、リシュリュー翼二階にはナポレオン三世のアパルトマンなども再現されていて往時を偲ばせます。日本でも人気の高いフェルメールが二枚ありますが、「レースを編む女」だけしか見ない方が意外に多いので残念です。隣の「天文学者」もフェルメールの傑作ですのでお忘れなく。

・オルセー美術館

一九〇〇年のパリ万博に合わせて開業した鉄道の駅兼ホテルでしたが、ホームが短すぎる等の批判を浴び、一九三九年に地上部分は廃用。地下のみ使われていましたが、一九八〇年以降はRERのC線の駅になりました。地上の駅舎を美術館にするのはポンピドゥー大統領の発案ですが、オルセー美術館として開館したのは、一九八六年でした。十九世紀絵画、とくに印象派の専門美術館として人気があります。大時計をはじめ、旧駅舎の装飾を生かした内装は美しいと思います。

・オランジュリー美術館

チュイルリー公園のコンコルド広場寄りにあります。一九二七年開館。こちらも印象派とポスト印象派の美術館です。圧巻なのはやはりモネの「睡蓮」の大作八枚でしょうか。二つの卵形の展示室に四枚ずつ展示されていますが、縦二メートル、総横幅九十一メートルに及ぶ睡蓮に囲まれて過ごす時間は格別です。ルノワール「ピアノを弾く少女たち」、モディリアーニ「ポール・ギヨームの肖像」ピカソ「水浴の女」セザンヌ「セザンヌ夫人の肖像」などもあります。

・パリ市立近代美術館

十六区のパレ・ド・トーキョーの東翼にあります。一九六一年開館。ピカソ、ユトリロ、モディリアーニ、ヴァン・ドンゲン、マティス、藤田嗣治、ラウル・デュフィなどの名作が収められています。二〇一〇年、ピカソ、モディリアーニ、ブラック、マティス、レジェの作品五点が盗難に遭いました。いまだ見つかっていません。

・マルモッタン・モネ美術館

十六区にあります。重要なモネ作品を多数所蔵する美術館です。一九三四年開館。モネ以外の印象派の作品もかなり集められているほか、八十一枚に及ぶベルト・モリゾのコレクションでも知られています。

・カルナヴァレ博物館

三区のマレー地区にあります。一八八〇年開館。フランスの歴史博物館で、貴重な歴史資料だけでなく、各時代の人々の生活資料も揃っています。マルセル・プルーストの部屋という展示コーナーもあり、プルーストが暮らしていた部屋の様子が再現されています。

ポンピドゥーセンター横の噴水（T）。

・国立近代美術館

四区のポンピドゥーセンター内にある美術館です。一九七七年、パレ・ド・トーキョーから移されました。ニューヨーク近代美術館（MOMA）に次ぐ世界第二位の近現代美術の収蔵を誇ります。一九九二年にはインダストリアル・デザインの研究機関である産業創造センター所蔵資料もセンター内に移されました。しばしば特別展が開かれています。

・クリュニー中世美術館

一八四四年開館。五区にあります。ローマ時代の浴場跡があります。ここはすでに書いたように、「貴婦人と一角獣」のタペストリーで有名ですが、ノートルダム大聖堂のポーチを飾っていた「王のギャラリー」の頭部も見られます。フランスの中世以来の彫刻やステンドグラスに興味のある方は必見です。一角獣の角、と称するものも展示されています。

・アラブ世界研究所 Institut du monde arabe

五区。ジャルダン・デ・プラントの近く。一九八七年開館。アラブ世界の文化の研究と普及を目的としていますが、ときどき催される特別展は見応えがあります。近年では、二〇一二年十一月から五ヶ月間開かれた「千夜一夜物語の世界」が圧巻でした。関係図書や図録も販売しています。外観もアラビア的発想を生かしていて見事です。

・ケ・ブランリ美術館

七区。ブランリ河岸にあります。二〇〇六年開館。アフリカやオセアニア、アジア、南北アメリカの文明、文化、藝術に関する多数の資料を収蔵。ただ、収蔵と展示方針が定まっていないことで、しばしば批判の対象にされてきました。とくに美術作品として捉えるのか、人類史の研究資料として扱うのかなど難しい問題はいまだ解消に至ってはいませんけれど、行ってみる価値は十分にあると思います。屋上テラスのレストランではエッフェル塔を近くに見ながら美味しい料理が食べられます。

・ニシム・ド・カモンド美術館

八区。モンソー公園の隣にあります。一九三六年開館。十八世紀の調度品や家具が、二十世紀初頭の大ブルジョワの家庭で使用されていた当時の雰囲気を知ることができます。一階と中二階と二階で計二十部屋があり、フランスの大ブルジョワがどういう生活をしていたかがわかります。

・グラン・パレ Grand Palais

八区。一九〇〇年のパリ万博のために建てられました。現在は特別展のために使われています。近年では、二〇一二年のエドワード・ホッパー展、二〇一四年の北斎展、二〇一七年から二〇一八年のゴーギャン展などが評判を呼びました。ホッパーのときなどあまりに人気が高いので、最後の数日は二十四時間開館していました。

同じく一九〇〇年に開館したお隣のプチ・パレ Petit Palais はクールベやモネなどのフランス美術のほか、ヨルダーンスやレンブラントなども収蔵しています。

・カタコンブ Catacombes de Paris

十四区。メトロ四号線と六号線とRERのB線が通るダンフェール・ロシュロー駅の近くから入ります。地下納骨堂です。以前はそうでもなかったような気がするのですが、地下で涼しいということもあるのか、あるいは単に物珍しいからか、人気の観光スポットとして入場まで何時間もかかることがあるようです。全長千七百メートル。

出口は四号線で一つ先のムートン・デュヴェルネ駅になります。出るときに手荷物を調べられるのでどうしてかと思っていましたら、人骨を盗む人たちがあとを絶たないためだそうで、二〇〇九年には数ヶ月間閉鎖されていました。パリの市立のミュゼとしてカルナヴァレ博物館が管理運営しています。もともとはパリの地下採石場でした。初めから死者を埋葬していたのではなく、パリ市内の墓地を閉鎖したときに発掘された大量の遺骨を移葬した場所でした。
十九世紀には一般公開されていましたが、当時ですら遺骨の数は六百万体とも言われていました。今となっては特定はできませんが、ダントン、ラヴォワジェ、デムーラン、ロベスピエール、デュ・バリー夫人らの遺骨は最初埋葬されていた墓地が閉鎖された際に、カタコンブへ運ばれて、無名の何百万人というパリ市民の遺骨と一緒にされました。

パリには数え切れないほどのミュゼがありますが、もしその人物の作品が好きであれば行ってもいい個人美術館・博物館がいくつもあります。ピカソ美術館、ロダン美術館、ドラクロワ美術館、ギュスターヴ・モロー美術館、ブールデル美術館、マイヨール美術館、バルザック記念館 Maison de Balzac、ユーゴー記念館 Maison de Victor Hugo（修復中。二〇二〇年再開予定）、ル・コルビュジエ記念館 Fondation Le Corbusier、ダリ美術館 Dalí Parisなど。あと、ミュゼではありませんが、カルーゼルの凱旋門の左右の小公園をはじめ、その附近に屋外展示されているマイヨールの彫刻も見応えがあります。

5　墓地

カタコンブが納骨堂として使われるようになったのは、パリ市内の古くなった墓地が閉鎖されたからでした。いま訪れることのできるパリの墓地をいくつか採り上げて書いてみましょう。

ヴィクトル・ユーゴーやジャン・ジャック・ルソー、ヴォルテール、デュマ・ペール、エミール・ゾラ、アンリ・ベルクソン、キュリー夫妻、アンドレ・マルローはパンテオンに眠っています。

第一次世界大戦で命を落とした無名戦士の墓は凱旋門の下にあります。

パンテオンとアンリ四世校の隣のサン・テチエンヌ・デュ・モン教会にはパスカル（遺骸）とラシーヌ（遺骨）が、サン・ジェルマン・デ・プレ教会にはデカルトとニコラ・ボワロー・デプレオーが、一区のサン・ジェルマン・ロクセロワ教会には画家のシャルダン、詩人のマレルブが、パスツール研究所には創設者のルイ・パスツールが、ソルボンヌ大学のシャペルにはリシュリューが、アンヴァリッドにはナポレオンとその関係者が眠っています。

このような場合はむしろ例外的で、ほとんどが墓地に埋葬されました。以下、おもな墓地とそこに眠る著名な文化人を何人かずつ書き出します。

・オートゥイユ墓地
十六区。一七九三年開苑。作曲家のグノー、画家のユベール・ロベール。
・パッシー墓地
十六区。一八二〇年開苑。俳優・演出家のジャン・ルイ・バロー、その妻の女優マドレーヌ・ルノー、作家のトリスタン・ベルナール、オクターヴ・ミルボー、プルーストの肖像画で知られる画家ジャック・エミール・ブランシュ、作曲家のドビュッシー、フォーレ、劇作家のジャン・ジロドゥー、画家のマネ、ベルト・モリゾ、ピアニストのイヴ・ナット。
・バティニョール墓地
十七区。一八三三年開苑。シュルレアリストのアンドレ・ブルトン、詩人のブレーズ・サンドラール、ヴェルレーヌ。
・サン・ヴァンサン墓地
十八区。一八三一年開苑。作家のマルセル・エメ、ロラン・ドルジュレス、映画監督のマルセル・カルネ、ポスター画家のジュール・シェレ、画家のユトリロ（フランス語では「ユトリヨ」と発音します）、作曲家のオネゲル。

・モンマルトル墓地

十八区。一八二五年開苑。作曲家のベルリオーズ、ジョゼフ・コスマ、オッフェンバック、歌手のダリダ、フランス・ギャル、画家のドガ、フラゴナール、ギュスターヴ・モロー、荻須《おぎす》高徳《たかのり》、フランシス・ピカビア、作家のデュマ・フィス、テオフィル・ゴーチエ、ゴンクール兄弟、エルネスト・ルナン、クロード・シモン、フィリップ・スーポー、スタンダール、詩人のアルフレッド・ド・ヴィニー、ドイツの詩人ハイネ、俳優・映画監督のサッシャ・ギトリ、フランソワ・トリュフォー、俳優のルイ・ジュヴェ、ジャンヌ・モロー、バレエ・リュスのニジンスキー、フーコーの振り子の科学者レオン・フーコー。ゾラの記念碑もあります。

・モンパルナス墓地。次のペール・ラシェーズ墓地とともに、あまたの人が埋葬されているので、かなり絞って挙げていきます。

十四区。一八二四年開苑。作家のサルトル、ボーヴォワール、アルフォンス・ブーダール、ポール・ブールジェ、ヴェルコール、ロジェ・カイヨワ、マルグリット・デュラス、ユイスマンス、ピエール・ルイス、ジョゼフ・ケッセル、モーリス・ルブラン、モーパッサン、マルセル・シュウォッブ、批評家のサント・ブーヴ、劇作家のイヨネスコ、辞典編集のエミール・リトレ、出版人オノレ・シャンピオン、エルネスト・フラマリオン、ピエール・ラルース、アイルランドの作家サミュエル・ベケット、アメリカの批評家スーザン・ソンタグ、詩人のボードレール、ピエール・ジャン・ジューヴ、トリスタン・ツァラ、彫刻家のブールデル、女優のミレーユ・ダルク、ジーン・セバーグ、俳優のフィリップ・ノワレ、ドレフュス事件のアルフレッド・ドレフュス、画家のアンリ・ファンタン・ラトゥール、トゥールーズ・ロートレック、平賀《ひらが》亀祐《かめすけ》、作曲家のセザール・フランク、サン・サーンス、ピアニストのクララ・ハスキル、歌手のセルジュ・ゲンズブール、オペラ座の設計をしたシャルル・ガルニエ、写真家のマン・レイ、映画監督のエリック・ロメール。

マルセル・プルーストの墓（T）。

・ペール・ラシェーズ墓地

二十区。一八〇四年開苑。作家のマルセル・プルースト、コレット、バルザック、ネルヴァル、バルビュス、シルヴェストル、バンジャマン・コンスタン、アルフォンス・ドーデ、ロベール・ド・フレール、ラディゲ、ジュール・ロマン、レーモン・ルーセル、詩人のアポリネール、ポール・エリュアール、ラ・フォンテーヌ、ジャン・モレアス、ミュッセ、シュリー・プリュドム、アンナ・ド・ノ

オスカー・ワイルドの墓はひときわ大きく、落書き等を避けて、透明な板で囲われています（T）。

ワイユ、アンリ・ド・レニエ、劇作家のボーマルシェ、哲学者のアラン、オーギュスト・コント、津田逸夫《いつお》、歴史家のジュール・ミシュレ、アメリカの作家ガートルド・スタイン、英国の作家オスカー・ワイルド、出版人ベルナール・グラッセ、作曲家のショパン、ビゼー、レーナルド・アーン、フランシス・プーランク、ロッシーニ、画家のジェリコ、カイユボット、コロー、ドラクロワ、オノレ・ドーミエ、ダヴィッド、アングル、カミーユ・ピサロ、スーラ、モディリアーニ、マリー・ローランサン、歌手のエディット・ピアフ、ジルベール・ベコー、イヴェット・ギルベール、イヴ・モンタン、アンリ・サルヴァドール、女優のサラ・ベルナール、ラシェル、シモーヌ・シニョレ、映画監督のマルセル・カミュ、ジョルジュ・メリエス、写真家のナダール、パリ改造のオスマン、中世の大学者アベラールと恋人エロイーズ。

フランスでは十一月一日が「万聖節《ばんせいせつ》」で、墓参をする人が少なくありませんが、それ以外の日でも、尊敬する人物の墓に詣でることはごく自然なことです。とくにペール・ラシエーズ墓地は四十四ヘクタール近くあるのでずいぶん歩くことになりますが、その分、おやこんなところに、という発見があります。ときにはそんなパリの時間もいいのではないでしょうか。

6　足で歩くと

パリで移動するのにどの交通機関が一番好きかと訊かれれば、いまではバスと答えますが、若い頃はバスにもメトロにも乗らず、歩くほうが多かったような気がします。広場を中心にして放射状の道が互いに繫がって東西南北がよくわからなくなるのに、道に迷うことはそれほど多くはありませんでした。もっとも白状しておきますと、最初にパリを訪れたとき、道がわからなくなり、セーヌ川はどこですかと警官に訊いたことがあります。警官はにやにやしながら、すぐそこですよ（C'est tout à côté, Monsieur）と言いました。指さすほうを見ましたら、すぐそこがセーヌ河岸でした。

赤恥をかいたようなものですけれど、それでも、それ以来、何度もパリへ来て、好き勝手に歩いているうちにパリの道が何となくわかったような気がしました。東京だと迷うのにどうしてパリの道がわかるのかとよく家人に言われます。きっと目印を自分で決めてそれを線で結んでいるのでしょう。

メートル原器。パリ６区、ヴォジラール通りにあります（T）。

それはさておき、若い頃歩くのが好きだったのは、思わぬ発見があるからでした。最初にパリへ来たとき泊まったホテルがラシーヌ通りというオデオン座の近くの通りにあったので、とくにあの附近はよく歩きました。あるとき、建物の一階外側が通路になっているところを歩いていて目に入ってきたのがメートル原器でした。説明板がついていて、そこには概略以下のように書いてありました。

「国民公会はメートル法を一般に拡げるために、パリ市内のもっとも人通りの多い十六の地点に大理石製のメートル原器を設置するように定めた。それらの原器は一七九六年二月から一七九七年十二月までの間設置された。このメートル原器は、パリ市内に最後まで残った二つのうちの一つで、もともとの位置にある唯一の原器である」

とくに誰かに言うわけではないこんな小さな発見はしかし、旅の時間を楽しい色で染めてくれるような気がします。

フランスでは誰々がいつここに住んでいたとか、生まれたとか亡くなったといった情報を標示板《プラック》にして外壁に貼るのですが、パンテオンの近くで辻邦生《つじくにお》が住んでいたというプラックを見つけたときも嬉しい驚きを味わいました。まさか日本の小説家が住んでいたことを記念するプレートがあるとは思わなかったからです。

　そういう標示板はもちろん辻邦生だけではなくて、カミーユ・クローデルがこの家に住んでいたとか、ショパンはここの住まいで世を去ったとか、オスカー・ワイルドが死んだホテルにホルヘ・ルイス・ボルヘスが住んでいたとか、ゴーギャンがいたホテルにアンドレ・ブルトンも泊まっていたとか、ヴァレリー・ラルボーが住んでいた家に迎えられたジェイムズ・ジョイスがそこで『ユリシーズ』を完成させたといったプレートがパリの街路のそこかしこにあるのですから、それを探して歩くだけでも町歩きが楽しくなるというものです。

辻邦生のプレート（5区デカルト通り）（T）。

　また、標示板だけでなく、ときには意外な標示に気がついて、後からパリの歴史を学ぶこともあります。私が住んでいた「クルールバルブ通り rue (de)

Croulebarbe」とそれに続く道はかつてのセーヌ川の支流のビエーヴル川の流れに沿っていたところだということに気がついたのは、マンホールの蓋を小さくしたようなところに書かれた足もとの標示にふと目が止まったからでした。そこにはこう書いてあったのです。

Ancien lit de la Bièvre

lit はベッドという意味でもありますが、ここでは「川床」。つまり、ビエーヴル川の昔の川床のことです。それに気がつくと、数メートルごとに同じ標示が埋め込まれていることに目が行きました。場所によって「……橋のあった場所」などと附記されていることもありました。ビエーヴル川の流れが幻覚のように私の進む道を流れてゆくさまが見えました。クルールバルブ通りに入るゴブラン大通りの角にはゴブラン織美術館があり、昔のゴブラン工場の裏手を川が流れている古い写真を見たことがあったからです。まさに歩いていたからこそ発見したことでした。

7　消えた川

第一部で、セーヌ川のサン・ルイ島の北東にあった島は分流を埋め立てて右岸の一部にしたというお話をしましたが、セーヌ川はずっと今のままの流れ方をしていたわけではありません。東京の隅田川もそうであるように、人口増大や水資源の確保、洪水対策などさまざまな理由で、都市の川が消えることはとくに珍しいことではないのかもしれません。

かつてビエーヴル川が流れていたバルビエ・デュ・メ通り（T）。

ビエーヴル川がそのひとつです。ビエーヴル川はヴェルサイユの西南に位置するギュイヤンクールに端を発し、南東のケレルマンあたりからパリに入り、大きく蛇行して、ビュット・オ・カーユを通って、ルネ・ル・ガル公園を貫き、クルールバルブ通りが途中でバルビエ・デュ・メ通りに分かれたあとそのバルビエ・デュ・メ通りを進み、アラゴ大通りとポール・ロワイヤル通りとモンジュ通りを横切って、そこからはほとんど直線的にジャルダン・デ・プラントの南側、オーステルリッツ橋のあたりでセーヌ川に合流する。これがひとつで、途中ジャルダン・デ・プラントを横切る形で北西に舵を切って、ベルナルダン通りと並行するかのように進んで、シテ島西端のアルシュヴェシェ橋の左手あたりでセーヌに合流する、という流れもありました。

もともとビエーヴル川に近いビュット・オ・カーユからゴブラン大通り、ムフタール通り沿いには鞣《なめ》し革工場や染色工場が建ち並び、下水や排水のため悪臭を放っていました。ジャン・フェクサス『うんち大全』（作品社）にあるように、ゴブラン工場では、ゴブラン織の布地を洗滌《せんでき》するのに、尿が使われていたと言います。悪臭も当然でした。そもそもムフタールの語源は「鼻を突くほど臭い」という意味の言葉でした。

ムフタール通りからコントレスカルプ広場に至る道については、先に紹介した宮下志朗著『パリ歴史探偵術』に書かれているように、ヘミングウェイ『移動祝祭日』でもその悪臭ぶりが記されています。附近に拡がる悪臭を防ぐために、ビエーヴル川を暗渠《あんきょ》にするという案が採用され、パリ市内を流れている川の上が塞がれたのが一九一二年のことでした。それまでもビエーヴル川はパリの下水に流れこんでいました。写真家のナダールがはじめて人工照明を用いて地下の撮影に成功したのは一八六一年。ビエーヴル川が流れこむ下水道の排水升を撮ったときでした。

百年が経ち、水資源を生かし景観も改善しようということで再び川を何ヶ所かで暗渠から解放することになり、現在その計画が進んでいます。セーヌ川の支流が悪臭とは無縁の美しい水流として、二十一世紀のパリに蘇るとすれば、それは楽しみなことと言わざるをえないでしょう。余談めいたことを記しますと、ディズニー映画『レミーのおいしいレストラン』(二〇〇七)の最初で、レミーが飛び込む川は下水道に流れてゆき、その流れに乗ってレミーはパリに着くのですが、その川のモデルはビエーヴル川ではないかということです。

8　パリの買い物・食事事情　左岸の下町篇

十三区と言えば気安い下町ですが、クルールバルブ通りに住んでいた頃、私は毎日のように買い物に出かけていました。机に向かってばかりだと不健康ですし、運動不足解消と気分転換の意味合いもありました。買い物と言っても、私の場合は買うものが限られていました。靴や洋服は日本から持って行きましたから、食料品以外に買うものはせいぜい本と文房具くらいでした。ここでは私事に関わることをあえて書いてみたいと思います。

かつて国際大学都市に何度か滞在していた頃は、個別のキッチンがある部屋でしたのに、ほとんど毎日外食で済ませていました。リヨンに住んでいたときは、基本的には外食半分、あとはスーパーで買ったものを自炊で済ませ、ときどき中央市場に行って新鮮で美味しい魚や肉を買って調理していました。

クルールバルブ通りにいたときは週の半分以上自炊でしたが、リヨンのときと違ったのは水でした。ミネラルウォーター二リットル入りを六本セットで買うと運搬がたいへんですが、リヨンではスーパーがさほど近くにはなかったので、簡便なカートを使って運んでいました。

しかし、二〇一二年から二年間のパリ生活では、浄水ポットに水道水を入れ、それを飲んでいました。ガス入りのミネラルウォーターやワインは必需品だったので、それは一度に何本もではなく、必要に応じて少しずつ買いました。一九八二年にはじめてパリに来たときは水道水が飲めなくてミネラルウォーターばかりでしたが、このときは簡単な浄水ポットだけで十分でしたから、水道の水質は格段に上がったと思います。

スーパーマーケットはクルールバルブ通りのアパルトマンからは徒歩で七、八分の距離に二軒、もう少し歩くと大きな店舗が三軒あり、大きなスーパーでは専門の店員のいる魚売り場やチーズ売り場がありましたし、スーパー以外に冷凍食品の専門店「ピカール」も数軒ありましたから、食材探しにはまったく困りませんでした。

もっとも、ワインを買うときは専門店に行くようにしていました。とくにワインに詳しいわけではありませんが、陳列の際の保存の仕方が違いますし、銘柄も相談ができるほうが安心だからです。それは肉の場合もそうで、スーパーで肉を買ったことはなく、いつも気に入った肉屋で買っていました。そういえば、八〇年代までのパリでは町を歩くと、

boucherie chevaline という馬肉専門店が目につきました。店の入り口上部の壁から通りに向かって馬の半身像が出っ張っているので、遠目にもよくわかるのです。最近はほとんど目にすることがありません。それともただ気がつかないだけでしょうか。

そうした日々の買い物で難点があるとしたら、折角《せっかく》買い出しに行ったのに、家に帰り着くまでに、顔なじみになったレストランのギャルソンや店主と出くわしてついそこで食べてしまった、食べざるをえなくなったということぐらいでしょうか。近所には日本料理店もインド料理店もイタリアンもクスクス料理店もトルコ料理店もクレープ屋もタイ料理店も中華・ベトナム料理店も、もちろんふつうのレストランもちょっと気取ったフランス料理店も美味しい料理を食べさせるカフェもあったので、どこで何を食べるかで迷ったくらいです。

少し立ち止まって、レストランという言葉について振り返っておきます。一七六五年頃、ブーランジェという男が「レストラトゥール」（弱った身体を正常に戻す者）と名乗って滋養強壮《じようきようそう》になるスープを出していたことから今のレストランの原形としての店がまたたく間に拡がったのですけれど、十八世紀末頃から「レストレ」（英語のリストア）の現在分詞の「レストラン（restaurant）」が広く使われるようになったと言われています。

私が本章と次章で名前を挙げるレストランは、その言葉の原義通り、美味しいだけでなく、元気になってゆったりと寛いだ時間を過ごすことができる店です。味だけならもっと美味しい店もあるでしょう。しかし、味がどれほどいいとしても、不潔で応対が悪く、しかも居心地のよくない店は「レストラン」の名に値しません。レストランで食べる以上、心身共に元気を取り戻し、来てよかったと思えるようでなくてはならないのです。

フランス料理店についてはあとで触れるとして、ここではアジア系その他の料理で気持ちよく食べられる日常的な店を何軒かご紹介しておきます。パリには美味しいレストランが数限りなくあるので、以下はほんの一例とお考えください。

《中華料理》「ラオ・ツー（Lao Tseu）」。サン・ジェルマン大通り二百九番地にあります。しごく真っ当な中華です。

《ベトナム料理》「タン・ミド（新麗都酒家）」。イヴリー大通り八十六番地。黄色が目印の気安い店です。カンボジアの友人に教えてもらいました。

《タイ料理》「パラディィ・タイ（Paradis Thaï）」。トルビアック通り百三十二番地。凝った料理が食べられます。

《トルコ料理》「ル・リザレ（Le Risalé）」。サン・ジャック通り二百四十五番地。再訪したくなる店です。

《クスクス料理》「ル・メシュイ・デュ・プランス（Le Méchoui du Prince）」。ムッシュー・

ル・プランス通り三十四番地。マグレブ諸国の「灰色のワイン（vin gris）」を飲むことができます。ロゼと白の中間です。一九八二年の春、パリに着いたばかりの私が最初に入ったのがこの店でした。何十年も同じ主人でしたが、今では引退。娘が切り盛りしています。

ここ十年で格段に増えたのは日本料理店です。鮨のテイクアウトのチェーン店もそこかしこにあります。意外に美味しいのでときどき利用していました。たいていは刺身の盛り合わせだけ買って家でご飯を炊いて食べていましたけれど。刺身は基本的にサーモン、鮪、海老、鯛が中心です。とくにパリで食べるサーモンは美味しいと思います。最近ではラーメンや餃子も人気で、専門店もできました。手打ちで出す蕎麦屋やとんかつ屋やうどん屋もあります。

ところでパリに限らずフランスで鮨レストランと称する店のほとんどは日本語が通じません。日本の有名都市の名前がついている店にはまず間違いなく日本人の店員がいません。鮨を握る職人も日本人ではないのです。それゆえしばしば驚くことになります。

たとえば出す順序。鮨と焼き鳥のコースを頼んだとすれば、最初は味噌汁が出ます。それから固いキャベツのサラダと鮨が茶碗一杯の白いご飯と一緒に出されます。そのあとにやっと焼き鳥が出て、最後はデザート。白いご飯は焼き鳥の皿にあけてタレをかけて混ぜ合わせて食べるためです。私にはこの食べ方がなじまなくて、次からは注文時に主人にこちらの望む順番で出してくれるように、そして焼き鳥はタレだけでなく塩でも焼いてほしいと頼みました。親しくなるとそういう融通がきくのがパリのレストランのいいところかもしれません。

クルールバルブ通りは十三区のイタリア広場の近くで、中華街へも歩いて行ける好立地でした。中華街のスーパーへ行くと、日本製なのに日本では売られていない即席麵とか、はじめて見る種類の焼きそばや調味料などを買うことができますし、市内に何軒かある日本人の店員のいる日本食材店では鰻や納豆や沢庵漬やパリ在住の日本人の職人が作る豆腐、大根や日本ふうの柔らかいキャベツやもやしも売られています。この点でも、一九八〇年代から一九九〇年代とは様変わりしました。

もちろん右岸に行けば、ラーメン屋や日本料理店が集まっているサン・タンヌ通り周辺だけでなく、日本に本店のある高級和菓子の「とらや」や老舗の鰻屋「野田岩」の支店もあり、こと食べることに関して日本人が困ることはなくなりました。

9　パリの買い物・食事事情　右岸篇

ごく大雑把《おおざっぱ》に言って、大学や本屋や気楽なレストランやスーパーの多い左岸に比べると、右岸は高級住宅街を含むビジネス街や観光名所や高級レストランが目立ちます。私にはほとんど縁がありませんが、ブランド店は右岸のフォーブール・サン・トノレとかモンテーニュ通り周辺に集まっています。ブランド店は入り口にりゅうとした身なりの店員が構えていて、客が近づくと開けてくれます。以前は日本人のグループ客が多かったのですが、最近はデパートも含めて中国人客がほとんどです。店員も日本人の店員はいつの間にか姿を消し、英仏語が堪能な中国人に取って代わられました。

1823年完成のパサージュ。2区にあるギャルリー・ヴィヴエンヌ（T）。

左岸なら、サン・ジェルマン大通りとレンヌ通りのほか、セーヴル通りのデパート、ボン・マルシェあたりにブランド店が集まっていて、サン・ミシェル大通りは若者向けの店が軒を連ねています。右岸にはボン・マルシェより大きいギャルリー・ラファイエットとプランタンの二つのデパートのほか、有名なパサージュ（ショッピングアーケードをもっとシックにしたもの）がいくつもあって、とくにパサージュはパリジャンたちが好んで買い物をしたり食事をしたりする場所になっているようです。

食事と言えば、ミシュランの星を獲得したレストランがやはり気になります。ミシュランはタイヤメーカーですが、そもそも自動車の運転者向けに修理工場やホテルの名前などを記した簡便なガイドを発行したのが一九〇〇年のことでした。一九二〇年からは有料のガイドブックとなり、一九三一年以降は旅をしてでも食べに行く価値があるホテルのレストランを三つ星で評価するようになりました。じつはひと頃ミシュラン三つ星のレストランを食べ歩いていました。日本に支店のある店もあれば、パリのそこでしか営業していない店もありました。三つ星のレストランのなかには、一見《いちげん》の客をわざわざ悪い席に案内するようなところもあるにはありましたが、概ね味のみならず、接客も一流でした。ただし、三つ星は値段がむやみに高いので、よほどの決心をしないと踏ん切りがつきません。それに比べると二つ星や一つ星の店はそこまで敷居が高くないこともあって、奮発すれば行けないことはない美味しいレストランとしてしばしば通いました。さらに、星はついていなくても小粋で美味しいレストランは無数にありますから、そうした店を探して食事に行くのもパリの大きな楽しみに数えていいでしょう。

最近は日本で言う「エキナカ」のように駅の構内にレストランが併設されることがあります。とくにサン・ラザール駅にある「ラザール（Lazare）」は朝早くから夜遅くまで開いていて便利です。いいレストランはたいてい営業時間が限られているものですが、その店はノンストップで営業しているので、何かの用事で時間を取られて昼を食べそこねたときなど、わざわざ足を運ぶ価値はあります。星はありませんが、二〇一九年版のミシュランで紹介されました。カウンターに座っても急かされる感じがしません。いい店だと思います。

それ以外の右岸の店で、私がお薦めしたいと思っていた「ふつうの」レストランのうち二軒がいつの間にか閉店していました。一つはマドレーヌ広場の一角にあった「エディアール（Hédiard）」のレストラン。日本では高級食材店として知られている店です。マドレーヌ教会の周囲にはフォーション（Fauchon。この地下のワイン売り場は信頼がおけます）もあれば、セヴィニェ夫人（Madame de Sévigné）という名前のショコラチエもあり、さらにはキャビア専門店やトリュフ専門店やボルドー専門の手頃なワインバー（「レクリューズ」L'écluse）もあるのですが、いいえ、それどころか、かつては押しも押されもせぬ三つ星店で、あるとき格づけを返上して気楽にはいれる店にしたリュカ・カルトン Lucas Carton（三つ星時代を含めて二度行きました。三つ星のときは極上の料理を出す最高の店でした）もあるのですけれど、そんな一角にミシュランの星はないものの雰囲気もサービスも味も決して悪くない「エディアール」があるのはマドレーヌ広場の魅力のひとつでした。残念です。

右岸のレストランでもう一軒お薦めしたいと思っていたサン・ロック通りの「ローベルジュ・ド・サン・ロック（L'Auberge de Saint Roch）」も閉店してしまいました。第一部第十五章で触れたように、ナポレオンが叛乱軍を鎮圧するために大砲を撃ったサン・ロック教会から歩いて五分のところにあったレストランです。肉料理の美味しい気楽な店でした。その二軒に限らず、店はいつ廃業するかわからない。それを痛感しました（私がパリで最高のクスクス屋だと評価していたクルールバルブ通りの店も、ある日忽然と閉店しました）。以下にお薦めする店がいつまであるかは神のみぞ知る範疇《はんちゅう》なのかもしれません。

その二軒がすでにない以上、右岸で私がお薦めできる「ふつうの」レストランはかなり限られます。一区に数えられるサン・ルイ島ドーフィーヌ広場の「マ・サラ・マンジェ（Ma salle à manger）」、ドーフィーヌ広場の南側ケ・デ・ゾルフェーヴル七十二番地にある「セクアナ（Sequana）」、観光客目当てと思いきや、席に着くと意外に落ち着くリヨン駅構内の「ル・トラン・ブルー（Le Train bleu）」などがひとまずは思い当たりますが、もう一度行きたい店ということで挙げるなら十一区、バスチーユの東、第一部第十三章で述べた「レヴェイヨン事件」の発端となったモントルイユ通り三十一番地のすぐ近くの四十一番地にある「ラ・ラヴィゴット（la Ravigote）」というレストランでしょうか。ここは地元の客が中心ですが、明らかに日本人とわかる客が横にいてもすぐに打ち解けてくれます。革命時に爆発した民衆のエネルギーの余滴が地元に残るとこういう気取らない店になるという感じすらします。現に私も、最初のときから二人のジャーナリストと仲良くなりました。「平等」を実感する店です。

ラ・ラヴィゴットの店内。開店直後。いつも満席になります（T）。

右岸はそれだけ記すにとどめて、左岸のそれなりに質の高いレストランについても触れておきますと、やはりメトロ四号線ヴァヴァン駅附近の店がお薦めです。「ル・バール・ア・ユイートル（＝牡蠣バー Le Bar à huîtres）」という名前の、なかなか予約を取りにくい魚介料理の店、カフェとともに魚介料理の高級レストランとビストロを経営している店「ル・ドーム（Le Dôme ／ Le Bistrot du Dôme）」、ステーキのチェーン店「ル・ルレ・ド・ラントルコート（Le Relais de l'Entrecôte）」、それより大衆的ですがシャトーブリアンなどが手頃な値段で食べられるステーキの専門店「イポポタミュ（Hippopotamus）」、魚介料理も美味しい有名カフエ・ブラスリー「ラ・クーポール（La Coupole）」、「ル・セレクト（Le Select）」、「ラ・ロトンド（La Rotonde）」――それらはモンパルナス大通りですが、ノートルダム・デ・シャン教会前の信号を渡ったモンパルナス通りにはクレープ屋が密集していて、どこの店に入るか悩むほどです。その通りにはムール貝専門店「レオン」や韓国焼肉店「コーリャン・バーベキュー」、日本語の通じる日本料理店「鳥兆」、美味しいステーキを食べさせるアルゼンチン料理店「レ・グリヤード・ド・ブエノスアイレス（Les Grillades de Buenos Aires）」などがあります。

左岸のフランス料理店ではもう二軒名前を挙げておきます。一軒は、メトロ四号線アレジア駅近くのガッサンディ通り三十四番地にある「ル・コルニション（Le Cornichon）」というレストラン。ここは人気店で予約がなかなか取れませんが、フランスの伝統料理をカジュアルに食べられる美味しい店です。小説家の佐藤亜紀さんとご一緒したことがあります。美食家の佐藤さんも気に入ってくださいました。

もう一軒は、ステーキ、とくにフランスの銘柄牛であるサレルス（Salers）のシャトーブリアンの美味しい店で、十号線カルディナル・ルモワーヌ駅近くのフォセ・サン・ベルナール通り二十番地にあります。「オー・ムーラン・ア・ヴァン（Au Moulin à Vent）」というワインの銘柄名を入れた店名です。「はじめに」で書いたクリスチャンが働いていた店です。残念ながら当人はもう引退してしまいましたが、文学や映画の好きなクリスチャンといつまでも話し込んだ時間は私の極私的パリの歴史のなかでは特筆すべきものでした。

10 パリの駅

はじめてパリに敷かれた鉄道は、前述したように、一八三七年、現在のサン・ラザール駅のすぐ裏手のヨーロッパ広場の仮設駅とサン・ジェルマン・アン・レを結ぶ路線でした。新橋・横浜間に鉄道が開通したのは一八七二年ですから、それより三十五年も早かったことになります。一九〇〇年にオルセー駅ができたこともすでに触れました。ここでは現在パリにある駅について書いてみましょう。

まずは一九〇〇年に開通したメトロから。そもそもメトロには「地下」の意味はありません。Chemin de fer métropolitain「首都鉄道」の「首都」がメトロに相当します。現に、六号線はかなりの部分が地上の高架線路を走ります。旧十四号線は十三号線に組み込まれたので、パリのメトロと言えば長期間十三路線でしたが、一九九八年にサン・ラザール駅発着の十四号線が開通して全部で十四本の路線に戻りました（ただし、支線や分岐線のある場合は行き先が電車ごとに変わりますから注意が必要です）。廃駅になったものは除いて、現在三百三の駅があります。「駅」は「スタシオン」station と言います。

RER《エール・ウー・エール》は「イル・ド・フランス地域圏急行鉄道網」として、パリ市内を通って郊外と郊外を繋ぐ電車です。もともと郊外電車として十九世紀に作られたものと、一九六〇年代に作られた路線が混在しているので、一口で完成年を言うことは難しいのですが、路線はA線からE線までの五本。駅は二百五十七駅。うち三十三駅がパリ市内にあります。

この「駅」は原則として「ガール」gareと呼びますが、とくにパリ市内の場合、メトロの駅と混同して「スタシオン」と言うことがあります。ディズニーランド・パリ、ラ・デファンス、サン・ジェルマン・アン・レなどにゆくA線、シャルル・ド・ゴール空港、オルリー空港、広大な公園のあるソーなどはB線、ヴェルサイユ宮殿へ行くときのC線、北駅とリヨン駅を介して南北の郊外を結ぶD線、オスマン・サン・ラザール駅からマジャンタ駅（北駅）を通って東と東南の郊外に至るE線があります。それぞれ分岐線があるので、これも行き先確認が必要です。

トラムはもともとメトロが走る以前、一八五五年から一九三三年までパリ市内を走っていました。しかし自動車の増加や代替運送手段の拡充によって次々に廃止されて行きました。東京の都電と相似た運命を辿ったわけです。それが大がかりな鉄道網を敷くことが困難で、バスだけでは限界のある地区で復活したのです。

イル・ド・フランス地域圏では現在四本のトラムの路線がありますが、今のところ市内を走るのはT3aとT3bという二本の路線だけです。T3aがポン・デュ・ガリグリアーノからポルト・ド・ヴェルサイユ、ポルト・ド・ショワジーを経由してポルト・ド・ヴァンセンヌまで。二十五の停車場があります。T3bがポルト・ド・ヴァンセンヌからポルト・ダニエールまで。停車場の数は二十六ですが、将来的にはポルト・ダニエールからポルト・ドーフィーヌまで延伸される予定です。「停車場」は「ポワン・ダレ」point d'arrêt と言います。

そして鉄道駅の話になります。これは「ガール」gare です。イル・ド・フランス地域圏以遠まで行く長距離列車を「トラン・デ・グランド・リーニュ」trains des grandes lignes、RERを含めて近郊まで行く郊外電車を「トラン・ド・バンリウー」trains de banlieue と言います。ここでは前者の駅について開業年順に纏めます。すべての行き先を列挙する紙数はないので主要目的地のみ記します。

・サン・ラザール駅。一八三七年開業。ノルマンディー地方の諸都市とパリを結ぶほか、近郊からの通勤列車も多数到着します。モネの絵でも有名です。繰り返すようですが、構内の美味しいレストランはお勧めです。メトロ三号線、十二号線、十三号線、十四号線、RER・E線と連絡しています。

・モンパルナス駅。一八四〇年開業。南西部方面のTGV発着駅です。レンヌ、ナント、トゥール、ボルドーに行けるほか、シャルトルにいく電車はこの駅から乗ります。構内には売店が各種ありますが、カヌレの有名店の販売所もあります。メトロ四号線、六号線、十二号線、十三号線と連絡していますが、RERは通っていません。モンパルナスタワー、ギャルリー・ラファイエットがあります。附近には映画館や魚料理店がたくさんあります

・オーステルリッツ駅。一八四〇年開業。オルレアン、トゥール、ボルドーなどへ行く列車の発着駅です。メトロ五号線と十号線の駅があります。ジャルダン・デ・プラントのすぐ目の前です。

・北駅。一八四六年開業。北部方面のTGV、ロンドンとパリを結ぶユーロスターの発着駅です。ベルギーのブリュッセル、オランダのアムステルダム、ドイツのケルンなどとパリを結びます。メトロ四号線と五号線、RER・B線、D線、あとE線とはマジャンタ駅として繋がっています。

・東駅。一八四九年開業。東部方面のTGV発着駅として、ストラスブール、ランス、スイスのチューリッヒ、ドイツのシュトゥットガルト、ルクセンブルクなどとパリを結びます。北駅とは徒歩で往復できる距離です。メトロ四号線、五号線、七号線、RER・B

線、D線と連絡しています。
・リヨン駅。一八四九年開業。南東方面のTGV発着駅です。ディジョン、リヨン、マルセイユ、スイスのジュネーヴ、イタリアのミラノなどに行くときはここから乗ります。メトロ一号線、十四号線、RER・A線、D線と連絡しています。前述したように構内にベル・エポック装飾を施した「ル・トラン・ブルー」というレストランがあります。最近では駅構内に日本の弁当屋が出店してEkibenとして話題を呼びました。

リヨン駅構内。TGVが並ぶホームをレストラン「ル・トラン・ブルー」の入り口あたりから見た光景（T）。

・ベルシー駅。一九七六年旅客輸送開始。在来線特急でクレルモンフェラン、ヌヴェールなどへ。リヨン駅に隣接しています。メトロ六号線と十四号線に繋がっています。
　ある場所へゆくのに何通りかの方法があることは珍しくありません。たとえば、ル・コルビュジエの代表的建築のサヴォワ邸のあるポワシーへは、リヨン駅かシャトレ・レ・アール駅からRER・A線でも行けますし、サン・ラザール駅から郊外電車を使うことも可能です。ここでは書きませんでしたが、以上の交通網にバスやレンタルのヴェリブなども加えれば、パリでの移動は郊外も含めて自由自在と言ってもいいでしょう。パリは石造りの町でほとんど何も変わらないと考えてしまいがちですが、じつは交通網ひとつとってもこのように変貌を続けています。そうした変貌こそがパリの歴史を彩ってきた重要な要素なのです。

あとがきに代えて――パリへ、そしてパリから。

一八七七（明治十）年十月十日、フランスで初めて本格的にワイン醸造を習うために派遣された山梨県勝沼の青年、高野正誠《まさなり》（二十五歳）と土屋助次郎（十九歳）が横浜港からフランスに向けて旅立ちました。高野たち二人はインド洋で海豚《いるか》が泳ぐのを見たりフランス語の勉強をしたりしながら、スエズ運河経由での船旅の末に、十一月二十七日、マルセイユに上陸します。そこから鉄道でパリ。パリからシャンパーニュ地方とブルゴーニュ地方へ赴き、ワイン醸造を一から学びました。

むろんこの二人だけではなく、幕末遣欧使節であれ、岩倉使節団であれ、パリへ留学した画家や文学者であれ、日本からアメリカやヨーロッパへ行くには船を使うしか方法はありませんでした。

一方、一九一六年に開通したシベリア鉄道を利用してモスクワ経由でヨーロッパへ行く人たちが出て来ました。市河晴子《いちかわはるこ》や林芙美子《はやしふみこ》は一九三一年、石川淳《いしかわじゅん》はすでに飛行機の時代になっていた一九六四年にシベリア鉄道に乗ってフランスへ旅をしたのです。

恩師の岩瀬《いわせ》孝《こう》先生は一九五〇年、遠藤周作《えんどうしゅうさく》と同時期に戦後初のカトリック留学生に選ばれ、遠藤とは出発時期は異なっていたかもしれませんが、やはり船でマルセイユへ渡っています。

エールフランス航空が東京に乗り入れたのは一九五二年。と言っても飛行機代は恐ろしく高かったでしょうから、留学生も含めて一般の旅客が飛行機を使うのは一九六〇年代になってからと言えるかもしれません。飛行機になってからもしばらくは直行便はなく、私なども一九八二年以降、アンカレッジ経由で十七時間かけてパリと東京を往復していました。南回りもありました。

個人的な記憶では、一九九〇年代に入ってからようやく十一時間あまりの直行便で行くようになった気がします。一九九二年に行ったときは、モスクワ経由のAOM航空（今はなきかつてのフランス第二の航空会社）を使いましたが、パリの発着空港はオルリーでした。現在フランス側ではシャルル・ド・ゴール空港しか使いませんが、日本の発着空港は成田以外に羽田、関空が増えたので、便利になったと感じていらっしゃる方は多いのではないでしょうか。

もはや萩原《はぎわら》朔太《さくた》郎《ろう》が「旅上」で「ふらんすへ行きたしと思へども／ふらんすはあまりに遠し」と歌った時代ではありません。行こうと思えばすぐにでも「新しき背広をきて／きままなる旅に」出られる時代です。

振り返ってみると、大学三年で仏文科に進んだとき、自分がいつかパリの土を踏むことができるなどとは考えもしませんでした。しかし、人生はどう転ぶかわかりません。いつしか私ですらパリへ何度も行くようになりました。毎日のようにパリの空港に降り立ち、毎日のようにパリの空港から帰国の途に就く大勢の旅客の一人に、この自分までもがなっていたというのは不思議でなりません。

現代のパリの生活にわずかでも関わっているとまで言うつもりはさらさらありませんけれど、たかだか三十数年の時間の中ですら、パリが変化するのを目の当たりにしてきました。と同時に、昔の人々が残したパリ滞在記と比べてほとんど変わっていないところも多く見聞きしました。蕉風俳諧《しょうふうはいかい》の言葉を使うのは不適当かもしれませんが、不易流行《ふえきりゅうこう》を感じる町、それが少なくとも私にとってのパリだと申し上げていいかもしれません。

そのパリはリュテチア以来、二千年以上の歴史を刻んできました。

一般に、歴史を物語ふうに語るときに注意しなくてはいけないことがあります。「歴史」を意味するhistoireという言葉は同時に「物語」「嘘っぱち」という意味にもなるからです。書きながら私が気をつけていたのは、「物語」だと言っても「嘘っぱち」にならないことでした。ところが何かがあった年を表す数字が資料によって異なることが多いだけではなく、固有名詞すら異なる場合が少なくありませんでした。数字の違いは準拠した資料の違いからきています。
「歴史を物語る」のは難しい。書き進めている間、ずっと私が感じていたのはそのことです。歴史は事実の繋がりでありながら、それについて考えるときはどうしても個人的経験と評価の問題が出て来るからです。私が書く以上、あくまで私の目の前に展開する時間の流れを記録することになります。限られた紙数で満遍なくパリの全史を物語るという道は結果として諦めざるを得ませんでした。

第一部でリュテチアから現代までの歴史を概観しましたが、それだけでは書き足りないところが多々あり、その中から連想ゲームのように繋がる話をいくつか選んで資料ふうに纏《まと》めたのが第二部です。そこでは私自身の経験をかなり書きました。

また、本文中でしばしばプルーストに言及しましたが、それは個人全訳中の私ゆえの呟きのようなものとお許し頂ければと存じます。

書いた本人としては愉《たの》しい仕事でしたが、この本の企画を私に委ねてくださった講談社現代新書編集部の山﨑比呂志さんには感謝と遅くなったお詫びを山ほどお伝えしたいと思います。

もしかして山﨑さんがパリにいらした際、何度かレストランでお話をしたことがこの本が生まれるきっかけになっているとすれば、やはりパリという町の特別な魔力を感じざるをえません。

いつかまたパリの町で美味しいレストランに行くことが出来る日を心待ちにしつつ、禿《とく》筆《ひつ》を擱《お》くことにいたします。

なお、参考文献は、おもな書目のみ記しました。挙げた書物の著者はむろん、挙げなかった本の著者の方々にも深甚の敬意と感謝を捧げます。皆さまに支えられながら書いた本です。

末尾になりましたが、著者が写真を撮らなかったところについては在仏中だった教え子の木村枝里さんと知人の今関佳子さんの忝《かたじけな》い協力を頂きました。とくに名前を掲げて感謝の意を表します。撮影者について、木村さんは（K）、今関さんは（I）、山﨑さん撮影のものは（Y）、私は（T）で表記しました。

二〇一九年秋
高遠弘美

参考文献

饗庭孝男編『パリ　歴史の風景』（山川出版社）（一九九七）
石井洋二郎著『パリ　都市の記憶を探る』（ちくま新書）（一九九七）
馬杉宗夫著『パリのノートル・ダム』（八坂書房）（二〇〇二）
大橋尚泰著『フランス人の第一次世界大戦――戦時下の手紙は語る』（えにし書房）（二〇一八）
鹿島茂著『怪帝ナポレオン三世』（講談社学術文庫）（二〇一〇）
鹿島茂著『パリ、娼婦の街　シャン＝ゼリゼ』（角川ソフィア文庫）（二〇一三）
鹿島茂著『パリ、娼婦の館　メゾン・クローズ』（角川ソフィア文庫）（二〇一三）
木村尚三郎著『パリ』（文春文庫）（一九九八）
佐川美加著『パリが沈んだ日　セーヌ川の洪水史』（白水社）（二〇〇九）
高遠弘美著「日佛往還記繙讀」全十二回（白水社「ふらんす」連載）（二〇〇六～二〇〇七）
玉村豊男著『パリ　旅の雑学ノート　カフェ・舗道・メトロ』『パリ　旅の雑学ノート　2冊目　レストラン・ホテル・ショッピング』（新潮文庫）（一九八三）
辻邦生著『背教者ユリアヌス』（中央公論社）（一九七二）
福井憲彦・稲葉宏爾著『パリ　建築と都市』（山川出版社）（二〇〇三）
宮下志朗著『パリ歴史探偵術』（講談社現代新書）（二〇〇二）
吉田健一著『ヨオロツパの世紀末』（新潮社）（一九七〇）
吉田健一著『ヨオロツパの人間』（新潮社）（一九七三）

ベルナール・ヴァンサン著　神田順子訳『ルイ16世』（祥伝社）（二〇一〇）
ボリス・ヴィアン著　浜本正文訳『サン゠ジェルマン゠デ゠プレ入門』（文遊社）（二〇〇五）
ヴォルテール著　丸山熊雄訳『ルイ十四世の世紀』全四巻（岩波文庫）（一九五八〜一九八三）
カエサル著　國原吉之助訳『ガリア戦記』（講談社学術文庫）（一九九四）
J–C・カリエール&G・ベシュテル編　高遠弘美訳『珍説愚説辞典』（国書刊行会）（二〇〇三）
フランソワ゠マリー・グロー著　中川高行・柳嶋周訳『オートクチュール――パリ・モードの歴史』（白水社。文庫クセジュ）（二〇一二）
イヴァン・コンボー著　小林茂訳『パリの歴史　新版』（白水社　文庫クセジュ）（二〇〇二）
ハワード・サールマン著　小沢明訳『新装版　パリ大改造――オースマンの業績』（井上書院）（二〇一一）
ジャン・ド・ジョワンヴィル著　伊藤敏樹訳『聖王ルイ――西欧十字軍とモンゴル帝国』（ちくま学芸文庫）（二〇〇六）
ベルナール・ステファヌ著　蔵持不三也編訳『図説　パリの街路歴史物語』上下（原書房）（二〇一〇）
ロラン・ドゥッチ著　高井道夫訳『メトロにのって――パリ歴史散歩』（晋遊舎）（二〇一二）
『ナポレオン　エジプト誌　完全版』（タッシェン・ジャパン）（二〇〇二）
ジョン・バクスター著　長崎真澄訳『二度目のパリ　歴史歩き』（ディスカヴァー・トゥエンティワン）（二〇一三）
アルフレッド・フィエロ著　鹿島茂監訳『普及版　パリ歴史事典』（白水社）（二〇一一）
ジャン・フェクサス著　高遠弘美訳『うんち大全』（作品社）（一九九八）
ジャン゠クリスチャン・プティフィス著　玉田敦子他訳『ルイ十六世』上下（中央公論新社）（二〇〇八）

アーネスト・ヘミングウェイ著　高見浩訳『移動祝祭日』（新潮文庫）（二〇〇九）
ドニ・プロ著　見富尚人訳『崇高なる者　19世紀パリ民衆生活誌』（岩波文庫）（一九九〇）
ジョン・E・モービー著　堀田郷弘訳『世界歴代王朝王名総覧』（東洋書林）（一九九三）
ペルーズ・ド・モンクロ著　三宅理一監訳『芸術の都　パリ大図鑑　建築・美術・デザイン・歴史』（西村書店）（二〇一二）
アンリ・ラクシモヴ著　吉川佳英子・岩野卓司訳『失われたパリを求めて　マルセル・プルーストが生きた街』（春風社）（二〇一〇）
ドミニック・ラティ著　高遠弘美訳『お風呂の歴史』（文庫クセジュ）（二〇〇六）
ジャック・ルヴロン著　ダコスタ吉村花子訳『ヴェルサイユ宮殿　影の主役たち　世界一華麗な王宮を支えた人々』（河出書房新社）（二〇一九）
ドミニク・レスブロ著　蔵持不三也訳『街角の遺物・遺構から見たパリ歴史図鑑』（原書房）（二〇一五）
アルベール・ロビダ著　北澤真木訳『絵で見るパリモードの歴史　エレガンスの千年』（講談社学術文庫）（二〇〇七）
ロミ著　高遠弘美訳『悪食大全』（作品社）（一九九五）
ロミ著　高遠弘美訳『完全版　突飛なるものの歴史』（平凡社）（二〇一〇）
ロミ著　高遠弘美訳『乳房の神話学』（角川ソフィア文庫）（二〇一六）
Journal de la France et des Français, 2 vols, Gallimard, 2001.
Lexique du Moyen Âge --- Les Capétiens 987-1498, BH Créations, 1999.

Petit Atlas pittoresque des quarante-huit quartiers de la ville de Paris; par A. M. Perrot, Service des travaux historiques de la ville de Paris, 1987.
Paris sous Napoléon 1er, La topographie de Paris ou Plan détaillé de la ville de Paris et de ses faubourgs publié par Maire en 1808, A. Taride, Paris.
Les rois de France Dictionnaire, Généalogies, Atlas, Le Grand Livre du Mois, 2000.

Baron Haussmann, Mémoires, Seuil, 2000.
Didier Busson, Paris ville antique --- guides archéologiques de la France, Éditions du Patrimoine, 2001.
Fanny Bourgois et Wilfrid Poma, Les Monuments de Paris et leurs petites histoires, Éditions Jean-Paul Gisserot, 2006.
Georges Cain, Tableaux de Paris, Librairie Ernest Flammarion.
Pierre Champion, La vie de Paris au Moyen Âge --- L'avènement de Paris, Calmann-Lévy, 1933.
Gustave Claudin, Paris, E; Dentu, 1862.
Alain Corbin, Le miasme et la jonquille --- L'odorat et l'imaginaire social, XVIIIe - XIXe siècles, Aubier-Montaigne, 1982.
Michaël Darin, Paris la Forme d'une ville, Parigramme, 2016.
Alfred Delvau, Histoire anecdotique des cafés et cabarets de Paris, E. Dentu, 1862.
Alfred Fierro, Histoire et Dictionnaire de Paris, Robert Laffont, 1996.
Edmond et Jules Goncourt, Journal, Mémoires de la vie littéraire 1851-1896, 3 vols, Robert Laffont, 1989.

Roger-Henri Guerrand, Mœurs citadines, Quai Voltaire, 1992.
Ferdinand Heuzey, Curiosités de la cité de Paris, E. Dentu, 1864.
Kiyoko Ishikawa, Paris dans quatre textes narratifs du surréalisme, Éditions L'Harmattan, 1999.
Félix et Louis Lazare, Dictionnaire administratif et historique des rues et des monuments de Paris (1855), Éditions Maisonneuve et Larose, 1994.
G. Lenotre, Histoires de Paris, Perrin, 2017.
Frédéric Lock, Guide alphabétique des rues et monuments de Paris, Hachette, 1855.
Vincent Milliot, Les Cris de Paris ou le peuple travesti, Publications de la Sorbonne, 1995.
Charles Malégarie, L'électricité à Paris, Librairie Polytechnique Ch. Béranger, 1947.
Louis-Sébastien Mercier, Tableau de Paris, Le Nouveau Paris in Paris le jour, Paris la nuit, Robert Laffont, 1990.
Annik Pardailhé-Galabrun, La naissance de l'intime, 3000 foyers parisiens, XVIIe - XVIIIe siècles, Presses Universitaires de France, 1988.
Manon Pignot, 1914-1918 Paris dans la Grande Guerre, Parigramme, 2014.
Pierre Pinon, Atlas historique des rues de Paris, Parigramme, 2016.
Rétif de la Bretonne, Les nuits de Paris in Paris le jour, Paris la nuit, Robert Laffont, 1990.
Daniel Roche, Histoire des choses banales --- Naissance de la consommation, XVIIe - XIXe siècle, Fayard, 1997.
Romi, Petite Histoire des Cafés Concerts parisiens, Jean Chitry et Cie, 1950.
Jean Tulard (dir.), Dictionnaire du Second Empire, Fayard, 1995.
Georges Vigarello, Le Sain et le Malsain --- Santé et mieux-être depuis le Moyen Âge, Seuil, 1993.
Georges Vigarello, Le propre et le sale --- L'hygiène du corps depuis le Moyen Âge, Seuil, 1985.

講談社現代新書 2560

物《もの》語《がたり》 パリの歴《れき》史《し》

二〇二〇年一月二〇日第一刷発行

著　者　高《たか》遠《とお》弘《ひろ》美《み》

発行者　渡瀬昌彦

発行所　株式会社講談社
東京都文京区音羽二丁目一二—二一　郵便番号一一二—八〇〇一
電　話　〇三—五三九五—三五二一　編集（現代新書）
〇三—五三九五—四四一五　販売
〇三—五三九五—三六一五　業務

装幀者　中島英樹

印刷所　凸版印刷株式会社

製本所　株式会社国宝社

定価はカバーに表示してあります　Printed in Japan

N.D.C. 235　282p　18cm
ISBN978-4-06-518753-1

「講談社現代新書」の刊行にあたって

教養は万人が身をもって養い創造すべきものであって、一部の専門家の占有物として、ただ一方的に人々の手もとに配布され伝達されうるものではありません。

しかし、不幸にしてわが国の現状では、教養の重要な養いとなるべき書物は、ほとんど講壇からの天下りや単なる解説に終始し、知識技術を真剣に希求する青少年・学生・一般民衆の根本的な疑問や興味は、けっして十分に答えられ、解きほぐされ、手引きされることがありません。万人の内奥から発した真正の教養への芽ばえが、こうして放置され、むなしく滅びさる運命にゆだねられているのです。

このことは、中・高校だけで教育をおわる人々の成長をはばんでいるだけでなく、大学に進んだり、インテリと目されたりする人々の精神力の健康さえもむしばみ、わが国の文化の実質をまことに脆弱なものにしています。単なる博識以上の根強い思索力・判断力、および確かな技術にささえられた教養を必要とする日本の将来にとって、これは真剣に憂慮されなければならない事態であるといわなければなりません。

わたしたちの「講談社現代新書」は、この事態の克服を意図して計画されたものです。これによってわたしたちは、講壇からの天下りでもなく、単なる解説書でもない、もっぱら万人の魂に生ずる初発的かつ根本的な問題をとらえ、掘り起こし、手引きし、しかも最新の知識への展望を万人に確立させる書物を、新しく世の中に送り出したいと念願しています。

わたしたちは、創業以来民衆を対象とする啓蒙の仕事に専心してきた講談社にとって、これこそもっともふさわしい課題であり、伝統ある出版社としての義務でもあると考えているのです。

一九六四年四月　野間省一

世界史Ⅰ

世界史Ⅱ

959 東インド会社――浅田實
971 文化大革命――矢吹晋
1085 アラブとイスラエル 高橋和夫
1099 「民族」で読むアメリカ 野村達朗
1231 キング牧師とマルコムX 上坂昇
1306 モンゴル帝国の興亡〈上〉――杉山正明
1307 モンゴル帝国の興亡〈下〉――杉山正明
1366 新書アフリカ史――宮本正興 松田素二 編
1588 現代アラブの社会思想 池内恵
1746 中国の大盗賊・完全版――高島俊男
1761 中国文明の歴史――岡田英弘
1769 まんが パレスチナ問題 山井教雄
1811 歴史を学ぶということ 入江昭
1932 都市計画の世界史――日端康雄
1966 〈満洲〉の歴史――小林英夫
2018 古代中国の虚像と実像 落合淳思
2025 まんが 現代史――山井教雄
2053 〈中東〉の考え方――酒井啓子
2120 居酒屋の世界史――下田淳
2182 おどろきの中国 橋爪大三郎 大澤真幸 宮台真司
2189 世界史の中のパレスチナ問題 臼杵陽
2257 歴史家が見る現代世界 入江昭
2301 高層建築物の世界史 大澤昭彦
2331 続 まんが パレスチナ問題 山井教雄
2338 世界史を変えた薬 佐藤健太郎
2345 鄧小平――エズラ・F・ヴォーゲル 聞き手＝橋爪大三郎
2386 〈情報〉帝国の興亡――玉木俊明
2409 〈軍〉の中国史――澁谷由里
2410 入門 東南アジア近現代史 岩崎育夫
2445 珈琲の世界史――旦部幸博
2457 世界神話学入門――後藤明
2459 9・11後の現代史 酒井啓子